les PV de stationnement

Collection LA JUSTICE AU QUOTIDIEN
fondée et dirigée par Jean-Paul Céré
Maître de Conférences à l'Université de Pau et des Pays de l'Adour

*La collection **LA JUSTICE AU QUOTIDIEN** a pour objectif de rendre le droit accessible à tous, aux professionnels comme aux particuliers. Elle se destine à la publication d'ouvrages, rédigés par des spécialistes reconnus, permettant de présenter de manière fonctionnelle et complète le système de justice actuel et de proposer des solutions aux problèmes juridiques de la vie courante.*

Ouvrages parus :

1. Le permis à points (J.P. Céré)
2. Le droit de l'affichage (P. Zavoli)
3. La médiation pénale (P. Mbanzoulou)
4. La responsabilité des constructeurs (S. Bertolaso, E. Ménard)
5. Le contrôle fiscal des particuliers (E. Péchillon)
6. Les référés d'urgence devant le juge administratif (J. Gourdou, A. Bourrel)
7. La responsabilité des services de police et de secours (X. Latour)
8. Le procureur de la République (J.C. Dintilhac)
9. Les surveillants de prison (J.C. Froment)
10. Le droit des peines (G. Lorho et P. Pélissier)
11. Les droits des mères. Vol. 1 (S. Gamelin-Lavois, M. Herzog-Evans)
12. Les droits des mères. Vol. 2 (S. Gamelin-Lavois, M. Herzog-Evans)
13. L'expropriation pour cause d'utilité publique (G. Ganez-Lopez)
14. Le droit de grève (F. Chopin)

ISBN : 2-7475-5261-6

Les PV de stationnement

Jean-Paul CÉRÉ

Maître de Conférences à l'Université de Pau et des Pays de l'Adour

L'Harmattan
5-7, rue de l'Ecole Polytechnique
75005 Paris
FRANCE

L'Harmattan Hongrie
Hargita u. 3
1026 Budapest
HONGRIE

L'Harmattan Italia
Via Bava, 37
10214 Torino
ITALIE

Du même auteur

Le contentieux disciplinaire dans les prisons françaises et le droit européen, L'Harmattan, 1999

Droit disciplinaire en prison, L'Harmattan, 2001

Le permis à points, L'Harmattan, 2001

Panorama européen de la prison (dir.), L'harmattan, 2002

A Sylvie et ses
contraventions

Principales abréviations

AJDI	Actualité Juridique de Droit immobilier
APJ	Agent de police judiciaire
Art	Article
Bull. crim	Bulletin des arrêts, chambre criminelle
CA	Cour d'appel
Cass. crim	Chambre criminelle de la Cour de cassation
C. route	Code de la route
Dr. pén	Revue Droit pénal
Ed	Edition
Gaz. Pal	Gazette du Palais
Infra	Ci-dessous
Jurispr. Auto	La jurisprudence automobile
JO	Journal Officiel
JOAN Q	Journal Officiel, réponses ministérielles
JCP	Jurisclasseur, La semaine juridique
OPJ	Officier de police judiciaire
P, pp	page(s)
Préc	Précité
PV	Procès verbal
Rec.	Recueil du Conseil d'Etat
Rev. sc. crim	Revue de science criminelle et de droit pénal comparé
RFD adm	Revue française de droit administratif
S	Suivant
Supra	Ci-dessus
TA	Tribunal administratif
T. pol	Tribunal de police
V	Voir

Introduction

Les infractions au stationnement occupent, sans conteste, la place prédominante de la répression en matière de circulation routière. Au regard de la totalité des infractions constatées sur le territoire français, les contraventions au stationnement génèrent à elles seules près de la moitié de l'ensemble du contentieux pénal. Le nombre de PV liés au stationnement des véhicules est devenu au fil du temps tellement conséquent que bien peu de personnes peuvent aujourd'hui se féliciter de n'avoir jamais été verbalisées. Les millions de personnes touchées par les PV de stationnement ne sont pourtant pas le garant d'une bonne information. Les prescriptions réglementaires en matière de stationnement sont souvent peu lisibles pour les automobilistes, voire inaccessibles, alors même que la masse d'infractions aux règles du stationnement a imposé des réponses répressives spécifiques dont la parfaite maîtrise est une garantie vitale pour exercer efficacement ses droits.

L'ensemble des dispositions relatives au stationnement figurent aux articles L. 411 et R. 417 et s. du Code de la route. Ce dernier comprend plusieurs précisions qui s'avèrent fondamentale pour l'engagement des poursuites. Une différence est opérée entre l'arrêt et le stationnement proprement dit. Le premier se définit comme "l'immobilisation momentanée d'un véhicule sur une route durant le temps nécessaire pour permettre la montée ou la descente de personnes, le chargement ou le déchargement du véhicule, le conducteur restant aux commandes de celui-ci ou à proximité pour pouvoir, le cas échéant, le déplacer". Le second correspond à "l'immobilisation d'un véhicule sur la route hors les circonstances caractérisant l'arrêt" (art. R. 110-2 C. route). Cette distinction est justifiée par la volonté de dispenser de toute pénalité, le conducteur qui arrête son véhicule pour une très courte durée. Toutefois, l'arrêt n'est pas systématiquement légitimé.

Comme le stationnement, il peut être interdit par le Code de la route dans certaines circonstances. L'arrêt est alors passible des mêmes peines que le stationnement.

Quelles que soient les circonstances, un principe s'impose à tous les véhicules placés à l'arrêt ou en stationnement. Le Code de la route oblige tout conducteur à positionner son véhicule en fonction du sens de la circulation (art. R. 417-1). Plusieurs situations doivent dès lors être distinguées. En agglomération, tout véhicule doit être garé sur l'accotement, quand il n'est pas affecté à la circulation de catégories particulières d'usagers et sous réserve que l'état du sol s'y prête. Il doit impérativement se trouver sur le côté droit, pour les chaussées à double sens de circulation et au choix, sur le côté gauche ou sur le côté droit pour les chaussées à sens unique. L'autorité investie du pouvoir de police (le maire par exemple) peut toutefois modifier ces règles. Quoiqu'il en soit l'automobiliste s'expose à une amende de la première classe de contraventions (11 €).

Ces conditions générales d'arrêt ou de stationnement prévues au sein des centres urbanisés s'appliquent aussi en dehors des agglomérations, avec une reconnaissance affaiblie par l'article R. 417-4 du Code de la route. Celui-ci annonce que l'arrêt ou le stationnement des véhicules hors agglomération doit se faire "autant que possible hors de la chaussée". La possibilité de placer son véhicule sur la chaussée est, au regard de cette formulation souple, admise en dehors des agglomérations. Il n'en demeure pas moins que le principe d'un arrêt ou d'un stationnement sur l'accotement reste de mise. En effet, ce n'est que lorsque l'automobiliste n'a pas d'autre choix que de placer son véhicule sur la chaussée qu'il est autorisé à le faire (bas côtés impraticables, absence d'accotement...). Lorsque cette exigence est satisfaite et que le véhicule ne peut être placé que sur la chaussée, il doit toujours l'être par rapport au sens de la circulation. Comme en agglomération, il convient de se garer, pour les chaussées à double sens, sur le côté droit de celles-ci et, pour les chaussées à sens unique, sur le côté droit ou gauche. Là encore, l'autorité investie du pouvoir de police peut en décider autrement et l'amende encourue est de 11 €. Dans le cas où l'arrêt ou le stationnement est effectué sur la chaussée, le conducteur doit se soumettre, au surplus, à une obligation de signalisation de tout véhicule à moteur. Il doit assurer quelles que soit les circonstances la présignalisation de l'obstacle. Celui-ci doit être placé avec, à l'avant, le ou les feux de position allumés à l'avant et, à l'arrière, le ou les feux rouges (ou le ou les feux d'éclairage de la plaque d'immatriculation arrière allumés). Le non respect de ces règles peut entraîner le paiement d'une amende forfaitaire de 135 € ou d'une amende correspondant à la 4e classe de contravention (750 € maximum). La nuit ou le jour, lorsque la visibilité est insuffisante, l'arrêt ou le stationnement d'un véhicule à moteur sans éclairage ni signalisation, en un lieu dépourvu d'éclairage public, implique de surcroît la perte de trois points sur le permis de conduire (art. R. 416-13 C. route).

L'aménagement possible des principes directeurs en matière de stationnement souligne le rôle important confié à certaines autorités en matière de police de la circulation et du stationnement. La réglementation concernant le stationnement peut différer selon le lieu géographique. Pour autant des règles générales applicables aux seuls véhicules automobiles peuvent être dégagées (chapitre 1). Elles coexistent avec des règles plus spécifiques dont l'application est réservée à des situations précises ou à d'autres catégories de véhicules (chapitre 2). Mais quel que soit le domaine concerné, la constatation d'une infraction (chapitre 3) ou la mise en œuvre de la répression (chapitre 4) relative au stationnement répondent à des principes immuables.

1

Les règles générales de stationnement

Le stationnement des véhicules automobiles est essentiellement dépendant des exigences de la circulation. Les règles qui le gouvernent sont toujours animées par cet intérêt supérieur. Il est percevable de façon évidente au sein des centres villes qui accueillent un flot sans cesse croissant de véhicules automobiles mais il se retrouve aussi, sous d'autres facettes, à l'extérieur des villes. Les nécessités de la circulation imposent soit d'interdire le stationnement (section 1), soit de l'autoriser sous réserve de respecter des conditions strictes (section 2).

Section 1. Le stationnement interdit

Le stationnement des véhicules automobiles ne saurait être toléré en tous lieux. La fluidité du trafic en dépend mais les exigences de la circulation imposent aussi de préserver la sécurité des automobilistes ou des piétons. C'est pourquoi, le Code de la route interdit purement et simplement l'arrêt ou le stationnement en le considérant selon les cas comme dangereux (§ 1) ou gênant (§ 2).

§ 1. L'arrêt et le stationnement dangereux

La contravention d'arrêt et de stationnement dangereux est définie par l'article R. 417-9 du Code de la route. Celui-ci indique que "tout véhicule à l'arrêt ou en stationnement doit être placé de manière à ne pas constituer un danger pour les usagers". Il précise ensuite que "sont notamment considérés comme dangereux, lorsque la visibilité est insuffisante, l'arrêt et le stationnement à proximité des intersections de routes, des virages, des sommets de côte et des passages à niveau".

L'article R. 417-9 C. route a pour effet d'interdire le fait de garer un véhicule sur la chaussée, lorsque la visibilité est insuffisante, dans les hypothèses qu'il signale. Le champ d'application de cet article doit être précisé au travers de trois remarques.

Premièrement, tout automobiliste doit bien veiller, lorsqu'il arrête ou stationne son véhicule sur la chaussée, à ne pas engendrer une situation de danger pour la circulation. L'obligation joue en tous lieux, y compris à l'intérieur des villes sans qu'il soit nécessaire que le maire ait pris un arrêté interdisant l'arrêt et le stationnement à un endroit déterminé. La présence d'un danger suffit en fait pour que l'infraction soit constituée. Il s'agit d'une obligation générale reconnue depuis longtemps par la jurisprudence de garer tout véhicule de manière à gêner le moins possible la circulation *(▪ Cass. crim. 30 mai 1972, Bull. crim. n° 179).*

Deuxièmement, la liste de situations réputées dangereuses dressée par l'article R. 417-9 C. route n'est pas limitative. L'usage de l'adverbe "notamment" dans le texte de cet article en convainc. Aussi, la jurisprudence a appliqué à d'autres situations cet article comme, par exemple, au fait de s'arrêter en raison d'une panne dans un endroit dangereux sans prendre de précaution particulière (▪ *CA Versailles, 8 nov. 1990, Juris-Data n° 045586)* ou au fait de laisser une remorque empiéter de plus de la moitié sur la chaussée à la tombée de la nuit, en l'absence d'éclairage public et de visibilité suffisante *(▪ CA Bordeaux, 21 janv. 1993, Juris-Data n° 040453).*

Troisièmement, si le champ d'application de l'article R. 417-9 C. route est circonscrit à l'arrêt et au stationnement sur la chaussée, l'autorité investie du pouvoir de police peut étendre l'interdiction aux accotements. Il lui faut alors justifier la mesure par l'intérêt de la sécurité et de l'ordre public (▪ *Cass. crim. 24 oct. 1963, Bull. crim. n° 291).*

L'arrêt et le stationnement dangereux font l'objet d'une peine d'amende correspondant à la quatrième classe de contravention (amende forfaitaire de 135 €). En outre et de façon automatique, la contravention entraîne un retrait de trois points sur le permis de conduire (V. J.P Céré, *Le permis de conduire à points*, 2e éd. Ed. L'harmattan, coll. La justice au quotidien, à paraître). Enfin, dans l'hypothèse où le conducteur ou le titulaire du certificat d'immatriculation est absent ou refuse, en dépit de l'injonction des agents, de mettre fin au stationnement dangereux, l'immobilisation et la mise en fourrière du véhicule peuvent être ordonnées.

§ 2. L'arrêt et le stationnement gênant

Le Code de la route considère de nombreuses situations d'arrêt et de stationnement comme gênantes. Les troubles à la circulation provoqués par les véhicules garés à des endroits névralgiques justifie le qualificatif d'arrêt ou de stationnement gênant (A). Toutefois cette catégorie d'infractions est plus large et comprend aussi le fait de stationner sur des emplacements réservés à certaines catégories de véhicules (B).

A. L'arrêt et le stationnement proprement gênants

Les contraventions d'arrêt et de stationnement gênant sont visées à titre principal par les articles R. 417-10 et R. 417-11 du Code de la route. Dans certaines hypothèses toutefois seul le stationnement est puni.

1. L'arrêt et le stationnement indistinctement gênant

L'article R. 417-10 II C. route estime, en premier lieu, que provoque une gêne pour la circulation publique, l'arrêt ou le stationnement d'un véhicule : ... sur les trottoirs, les passages ou accotements réservés à la circulation des piétons ; ... entre le bord de la chaussée et une ligne continue lorsque la largeur de la voie restant libre entre cette ligne et le véhicule ne permet pas à un autre véhicule de circuler sans franchir ou chevaucher la ligne ; ... à proximité des signaux lumineux de circulation ou des panneaux de signalisation, à des emplacements tels que ceux-ci peuvent être masqués à la vue des usagers ; ... sur les emplacements où le véhicule empêche soit l'accès à un autre véhicule à l'arrêt ou en stationnement, soit le dégagement de ce dernier ; ... sur les ponts, dans les passages souterrains, tunnels et sous les passages supérieurs ; ... au droit des bouches d'incendie et des accès à des installations souterraines ; ... sur une voie publique spécialement désignée par arrêté de l'autorité investie du pouvoir de police municipale.

L'article R. 417-10 II C. route interdit aussi l'arrêt ou le stationnement sur une bande d'arrêt d'urgence sauf en "cas de nécessité absolue", sans définir cette notion. L'absolue nécessité doit cependant être entendue comme tout événement extérieur au conducteur, c'est-à-dire un comportement qu'il n'a pu ni prévoir, ni éviter. Une panne d'essence, par exemple, ne peut justifier un arrêt ou un stationnement, car tout conducteur est à même de prévoir et de prévenir une telle circonstance (▪ *Cass. crim. 12 févr. 1957, Bull. crim. n° 133).*

L'arrêt et le stationnement gênants qui répondent aux conditions décrites par l'article R. 417-10 II C. route sont sanctionnés par une amende forfaitaire de 35 € ou une amende correspondant à la deuxième classe des contraventions (150 € au maximum). Dans tous les cas, l'immobilisation et la mise en fourrière du véhicule peuvent être décidées si le conducteur du véhicule est absent ou s'il refuse, après injonction de l'agent verbalisateur, de mettre fin au stationnement gênant.

Dans le cas spécifique de l'arrêt et du stationnement sur les passages prévus à l'intention de piétons, la peine encourue est minorée lorsque le véhicule empiète seulement en vertu de l'article R. 417-5 C. route. Ce texte a pour but d'interdire aux automobilistes de s'engager sur un passage pour piétons s'ils ne peuvent entièrement le franchir. S'ils doivent empiéter sur un passage protégé, quelle qu'en soit la raison, l'amende forfaitaire encourue est alors de 11 €.

L'article R. 417-11 considère, en second lieu, comme gênant le fait d'arrêter ou de stationner un véhicule ou un ensemble de véhicules de plus de vingt mètres carrés de surface maximale, dans les zones touristiques délimitées par l'autorité investie du pouvoir de police.

Cette situation est passible d'une amende forfaitaire de 135 € ou d'une amende correspondant à la quatrième classe des contraventions (750 €). Comme précédemment, l'immobilisation du véhicule et sa mise en fourrière est possible.

2. Le stationnement gênant

Au-delà des faits déjà énumérés, l'article R. 417-10 III C. route considère encore comme gênant la circulation le fait de stationner à certains endroits. Le stationnement seul est interdit. L'arrêt est quant à lui toléré. Trois situations sont visées. L'article R. 417-10 III considère comme gênant la circulation publique : le stationnement d'un véhicule devant les entrées carrossables des immeubles riverains ; le stationnement en double file et le stationnement devant les dispositifs destinés à la recharge en énergie des véhicules électriques.

Concernant le stationnement devant les entrées des immeubles, trois remarques peuvent être dégagées. D'abord, il va de soi que la liberté d'accès ou d'aller et de venir des riverains oblige à laisser libre l'accès aux immeubles, sans qu'il y ait lieu d'apposer une signalisation particulière. L'article R. 417-10 pose en interdiction générale le stationnement devant les portes des immeubles. Dès lors les différents modèles de disques apposés fréquemment par les particuliers (par exemple "attention, sortie de voitures", "stationnement interdit" ou "prière de ne pas stationner") ne présentent comme seule utilité que celle de rappeler la règle imposée par cet article. Il n'en demeure pas moins qu'ils restent tolérés par les autorités publiques. Ensuite, l'obligation de laisser libre l'entrée des immeubles riverains s'impose à leurs occupants. Ainsi, ces derniers ne peuvent stationner sur le trottoir devant l'entrée de leur immeuble car cela affecte le passage des piétons (▪ *Cass. crim. 17 oct. 2000, Jurispr. Auto 2001, p. 19).* Enfin, il est tout aussi manifeste que la personne qui subit un préjudice du fait d'un stationnement irrégulier peut en demander réparation (*pour l'impossibilité de sortir d'un garage* ▪ *Cass. crim. 3 juill. 1968, Quo. Jur. 1968, n° 118-6).*

Les sanctions applicables sont identiques à celles prévues pour les contraventions visées par l'article R. 417-10 II C. route (amende forfaitaire de 35 € et éventuellement immobilisation et mise en fourrière du véhicule). Lorsque le stationnement gênant se prolonge dans le temps parce que le véhicule n'est pas enlevé, ni par son propriétaire ni par les services de la fourrière, une seule peine d'amende est encourue. La chambre criminelle de la cour de cassation dans une affaire où un automobiliste qui avait fait l'objet de trois contraventions pour un même stationnement gênant ne s'était acquitté que du paiement d'une seule amende a estimé que le stationnement gênant "constitue une infraction instantanée qui ne cesse que par l'enlèvement [...] du véhicule et qui ne peut donner lieu qu'à une seule poursuite" (▪ *Cass. crim. 7 juin 1995, Bull. crim. n° 206 ; D. 1995.IR.201 ; Rev. sc. crim. 1996, p. 126, obs. J.P. Delmas Saint-Hilaire).*

B. Les stationnements réservés

Le Code de la route légitime la création de places de stationnement réservées à certaines catégories de véhicules. Les usagers de la route qui utilisent les véhicules pour lesquels une place a été réservée vont certes se trouver avantagés au regard de l'ensemble des autres automobilistes mais cet avantage ne saurait pour autant aboutir à l'apparition de classe privilégiée d'usagers. Le stationnement réservé est strictement commandé par des raisons d'intérêt public et doit faire l'objet, à ce titre, d'un arrêté dûment motivé. Tout arrêt ou tout stationnement d'un véhicule non autorisé sur un emplacement réservé fait l'objet d'une amende prévue pour les contraventions de la deuxième classe (amende forfaitaire de 35 € ; amende encourue au maximum de 150 €), à l'exception du stationnent sur des emplacements réservés aux véhicules des personnes handicapées réprimé plus sévèrement par une amende correspondant à la quatrième classe de contraventions (amende forfaitaire de 90 € ; amende au maximum de 750 €).

1. Le stationnement réservé au transport de voyageurs

La faculté de prévoir des emplacements réservés à l'arrêt ou au stationnement des véhicules de transport de voyageurs est consacrée aujourd'hui par l'article R. 417-10 2° du Code de la route. Elle est reconnue depuis fort longtemps aux véhicules de transport public de voyageurs et aux taxis mais elle supporte quelques restrictions.

L'utilisation des emplacements réservés au transport de voyageurs est tout d'abord directement liée aux nécessités du service. Ainsi, les chauffeurs de taxi ne peuvent plus bénéficier des emplacements réservés après la fin de leur temps de travail (JOAN Q 1976, p. 5966). Une solution identique doit prévaloir pour les véhicules de transport public de voyageurs en dehors des heures de service car l'intérêt général qui motive l'usage privilégié de l'emplacement a alors disparu.

La création des emplacements réservés au transport de voyageurs impose ensuite, aussi bien aux transporteurs public de voyageurs qu'aux chauffeurs de taxis, d'utiliser ces emplacements de façon exclusive. Ils ne peuvent en principe arrêter ou stationner leurs véhicules en dehors des emplacements prévus à cet effet (*pour les transporteurs publics* ▪ *Cass. crim. 1er déc. 1934, Bull. crim. p. 395 ; pour les taxis* ▪ *Cass. crim. 2 avr. 1963, Bull. crim. n° 148)*.

2. Le stationnement réservé aux véhicules affectés à un service public

L'article R. 417-10 2° du Code de la route sanctionne le fait d'arrêter ou de stationner tout véhicule sur les emplacements réservés aux "véhicules affectés à un service public". L'instauration d'un privilège de stationnement pour ce type de véhicule appartient au maire. Le Code général des collectivités territoriales lui permet d'instituer à titre permanent ou provisoire des emplacements réservés sur les voies publiques de l'agglomération (art. L. 2213-3). Sa compétence ne peut l'amener toutefois à réserver des places pour les véhicules personnels des agents des services publics ou des fonctionnaires. L'article L. 2213-3 du Code général des collectivités territoriales limite l'utilisation d'emplacements réservés aux "besoins exclusifs du service".

Le respect de la double condition - véhicules affectés à un service public et pour les besoins de ce service - ne signifie pas que le véhicule autorisé à stationner soit obligatoirement un véhicule appartenant à la mairie ou à une administration. La jurisprudence en effet interprète littéralement l'article L. 2213-3 et admet que le véhicule personnel d'un fonctionnaire puisse stationner sur de tels emplacement dès lors qu'il est utilisé "pour les besoins du service". Ainsi il a été jugé que les véhicules personnels des magistrats et fonctionnaires d'une juridiction entrent dans la catégorie des véhicules affectés à un service public et pour les besoins exclusifs de ce service, dès lors que ces fonctionnaires et magistrats sont autorisés à les utiliser pour les besoins du service comme la réglementation le permet (▪ *Cass. crim. 26 avr. 1990, Bull. crim. n° 159 ; Gaz. Pal. 1990.2., p. 513 ; JCP 1990.IV.274*). Dans un sens identique, la jurisprudence considère que le respect de la double condition n'étant imposé que sur les voies publiques de l'agglomération, le maire pouvait réserver des places aux agents municipaux dans les dépendances d'un bâtiment communal, en l'occurrence dans la cour de l'hôtel de ville (▪ *Cons. d'Et. 16 févr. 1972, Bernard, Rec. CE, p. 140* ▪ *Cass. crim. 2 mai 1973, Bull. crim. n° 193).*

De nombreux services publics peuvent bénéficier d'emplacement de stationnement réservés, sous réserve bien sûr que les conditions prévues par la loi soient réunies. La chambre criminelle a validé la création de places de stationnement sur la voie publique pour les véhicules des services judiciaires, de la police et de la gendarmerie (▪ *Cass. crim. 19 févr. 1974, Bull. crim. n° 70* ▪ *Cass. crim. 28 avr. 1987, Jurispr. Auto 1987, p. 367*) ou aux véhicules appartenant à un tribunal administratif (▪ *Cass. crim. 26 avr. 1990, Bull. crim. n° 159).* Bien d'autres services sont susceptibles d'en profiter. C'est le cas, par exemple, des véhicules de lutte contre l'incendie, des véhicules des services techniques des municipalités, des véhicules de dépannage des services d'EDF ou de GDF, des véhicules de nettoiement...).

3. Le stationnement réservé aux véhicules de handicapés

La mise en place d'emplacements privilégiés pour les personnes handicapées s'est progressivement développée à la fin du XXe siècle, sans que le Code de la route envisage précisément cette possibilité. La jurisprudence a toujours admis la validité de telles pratiques, dès l'instant où le principe d'égalité devant la loi était respecté pour la catégorie d'usagers concernés. En d'autre termes, il fallait que ces places soient accessibles à tous les handicapés, sans distinction aucune (par ex. ▪ *Cass. crim. 18 mars 1992, Bull.*

crim. n° 118, Dr. pénal 1992, comm. 259, obs. J.H. Robert ▪ *Cass. crim. 2 févr. 1994, Jurispr. Auto 1994, p. 180 ; D. 1994, somm. 261, obs. P. Couvrat et M. Massé).*

La légalité du stationnement réservé aux personnes handicapées a été définitivement consacrée par le nouveau Code de la route au 1er juin 2001. L'article R. 417-10 8° assimile désormais à un stationnement gênant l'occupation par un véhicule non autorisé d'un emplacement réservé "aux véhicules arborant un macaron Grand invalide de Guerre (GIG) ou Grand invalide Civil (GIC) ou une carte de stationnement de modèle communautaire pour personne handicapée".

Le pouvoir de réserver des places de stationnement aux handicapés appartient au maire. L'article L. 2213-2 3° du Code général des collectivités territoriales lui offre cette faculté sur la voie publique mais aussi dans "tout autre lieu de stationnement ouvert au public". Selon cet article, la décision du maire doit obligatoirement prendre la forme d'un arrêté motivé. Il doit par ailleurs se conformer aux dispositions du décret n° 99-756 du 31 août 1999 relatif aux prescriptions techniques concernant l'accessibilité des personnes handicapées sur la voirie publique ou privée ouverte à la circulation publique (*JO* 4 sept.). Ce décret dans son article 1 indique que "lorsqu'un aménagement est prévu sur le domaine routier pour permettre le stationnement des véhicules, au moins un emplacement sur cinquante est réservé aux personnes handicapées, qui doivent pouvoir y accéder aisément. Lorsque cet aménagement s'inscrit dans le cadre d'un projet global de stationnement, le nombre d'emplacements réservés est calculé sur la base de l'ensemble du projet".

4. Les emplacements réservés au transport de fonds

Face au développement des agressions de convoyeurs de fonds, le législateur a adopté une loi n° 2000-646 du 10 juillet 2000 relative à la sécurité du dépôt et de la collecte de fonds par les entreprises privées. Au titre des mesures prises, figure une faculté nouvelle pour les maires d'instituer, par arrêté motivé, des emplacements réservés à l'arrêt ou au stationnement des véhicules des transporteurs de fonds, bijoux et métaux précieux dans le cadre de leurs missions (art. L. 2213-3 du Code général des collectivités territoriales). Faute de disposition légale spécifique, les juges refusaient auparavant la création de places de stationnement réservé (▪ *CAA Lyon, 13 mars 1990, Commune La Ciotat, Rec., p. 421).*

5. Le cas particulier des professions médicales

En dépit de l'existence d'une potentialité étendue de réserver des emplacements de stationnement pour des catégories particulières d'usagers, les professions médicales n'ont jamais été englobées parmi les bénéficiaires d'un tel privilège. En conséquence, les professions de santé (médecin, infirmier...) qui interviennent à domicile, parfois en urgence, doivent respecter les règles générales de stationnement des véhicules, à l'instar des autres automobilistes.

L'absence de places de stationnement réservé aux professions médicales et paramédicales est toutefois atténuée par la tolérance dont sont censé faire preuve les agents verbalisateurs si deux conditions sont honorées. Ces derniers sont invités à ne pas verbaliser les infractions commises qui ne gênent pas exagérément la circulation publique et qui ne portent pas atteinte à la sécurité des autres usagers. Par ailleurs, le véhicule doit arborer l'insigne prévu pour les professions médicales et le conducteur doit être en mesure de prouver " à tout moment, à l'autorité publique que le véhicule est utilisé à des fins exclusivement professionnelles et pour l'exécution de soins à domicile" (*JOAN Q*, 26 août 1991, p. 3460).

Section 2. Le stationnement autorisé sous conditions

En dehors des hypothèses d'interdiction pure et simple, les automobilistes bénéficient d'une liberté de stationnement. Néanmoins, même lorsqu'il est autorisé, le stationnement peut devenir irrégulier lorsque les conditions qui lui sont attachées ne sont pas respectées. Le stationnement peut être toléré uniquement pendant une certaine durée (§ 1) ou bien être autorisé de façon alternée (§ 2).

§ 1. Le stationnement temporairement autorisé

Lorsque le stationnement est limité dans le temps, tout dépassement de la durée autorisée a pour effet de le rendre illégal. Trois situations distinctes sont envisagées par le Code de la route.

A. Le stationnement payant

Le principe de l'instauration du stationnement payant sur les voies publique est reconnu par l'article L. 411-1 du Code de la route qui intègre les dispositions du Code général des collectivités territoriales (art. L. 2213-2 et s.) qui autorisent le maire notamment à réglementer l'arrêt et le stationnement des véhicules. Les règles gouvernant le stationnement payant ne sont pas pour autant abandonnées au pouvoir discrétionnaire du maire. Le respect de multiples exigences est nécessaire à la reconnaissance de sa validité.

1. Les conditions de légalité du stationnement payant

L'autorité compétente pour instaurer une zone de stationnement payant est le maire. D'une façon générale, il détient ses pouvoirs sur la police de la circulation à l'intérieur de l'agglomération du Code des collectivités territoriales (art. L. 2213-1). En ce qui concerne spécifiquement le stationnement payant, le conseil municipal vote le principe de la taxe et fixe son taux. Le maire ensuite détermine par arrêté les horaires et la durée maximale de stationnement admis ainsi que le choix des emplacements. Si l'arrêté instituant le stationnement payant omet de définir les emplacements, la peinture au sol de ces emplacements et l'implantation des parcmètres n'ont pas de base légale (▪ *CA Grenoble, 27 févr. 1985, Gaz. Pal. 1986, somm. 1, obs. J.P. Doucet).* L'absence de précision sur les divers endroits où le stationnement payant est institué dans l'arrêté municipal ne peut même pas être palliée par la désignation de ces lieux dans une convention qui lie la commune à une entreprise concessionnaire. Il est certes admis qu'une convention puisse confier à une entreprise privée l'exploitation d'une zone de stationnement payant d'une commune. Cependant, comme une telle convention ne présente pas le caractère d'un règlement de police opposable aux usagers et que les pouvoirs du maire ne sont pas susceptibles d'être délégués, la convention ne peut définir seule les emplacements où le stationnement payant s'applique (▪ *Cass. crim. 27 mai 1972, Bull. crim. n° 175).*

Le pouvoir dévolu au maire de réglementer le stationnement des véhicules est toutefois soumis à une condition essentielle. Le maire peut soumettre au paiement de redevances le stationnement des véhicules le long des voies publiques lorsque ce stationnement excède l'usage normal des dites voies et en raison notamment des exigences de la circulation (▪ *Cons. d'Et. 22 févr. 1974, Gaz. Pal. 1975.2.454, note F. Moderne).* Il est vrai que l'article L. 2213-6 du Code général des collectivités territoriales autorise le maire à instaurer une zone de stationnement payant seulement si celle-ci ne gêne pas "la circulation, la navigation et la liberté du commerce". La présence de la condition tenant aux impératifs de la circulation est le facteur de la légalité même du stationnement payant. C'est donc par un arrêté motivé que le maire doit entreprendre d'instaurer un stationnement payant. Sa mise en place doit "faciliter la rotation des véhicules sur la voie publique" et "assurer, sans discrimination, une répartition de la faculté de stationner entre le plus grand nombre possible d'usagers" (▪ *Cass. crim. 2 mai 1979, Bull. crim. n° 151, D. 1980.IR., p. 32 ; Jurispr. Auto 1980, p. 123* ▪ *Cass. crim. 7 avr. 1992, Jurispr. Auto 1992, p. 405* ▪ *Cass. crim. 6 janv. 1993, Jurispr. Auto 1993, p. 178* ▪ *Cass. crim. 17 juill. 1995, Bull. crim. n° 188, D. 1975.IR., p. 189).* En d'autres termes, le stationnement payant doit garantir une plus grande fluidité de la circulation.

La présence de la condition tenant aux nécessités de la circulation ne légitime pas automatiquement l'arrêté instituant le stationnement payant. La liberté d'accès aux immeubles riverains ne doit pas être entravée par celui-ci. Ainsi, il a été jugé que le fait de louer à l'année un parc de stationnement clos et pourvu d'une barrière d'accès installée devant le domicile d'un riverain, bien que ne portant pas atteinte à la liberté d'accès à pied de l'intéressé à son immeuble, empêchait la desserte par automobile. En conséquence, l'arrêté municipal qui l'instaurait a été annulé *(▪ TA Versailles, 20 oct. 1998, Gaz. Pal. 29 déc. 1999, pan. 21*). Cette condition relative à la liberté d'accès aux immeubles riverains reste parfois protégée avec modération par les juges. Dans un arrêt, le

Conseil d'Etat a pu en effet considérer que la faculté de stationner dans des intervalles laissés entre les emplacements payants ou en double file le long de la zone payante suffisait à respecter la condition de libre accès aux immeubles riverains et à leur desserte (▪ *Cons. d'Et. 26 févr. 1969, Fédération nationale des clubs automobile de France, Rec. p. 121).*

Si les exigences décrites sont respectées, le stationnement payant ne contrevient pas au droit européen. Il ne viole pas les dispositions de l'article 2 du protocole n° 4 à la convention européenne des droits de l'homme. Cet article garantit le droit de circuler librement mais envisage, dans certaines zones déterminées, que des restrictions soient apportées à ce droit dès lors que la loi le prévoit et que l'intérêt public le justifie. Le stationnement payant entre dans ces limitations "dès lors que les mesures prises sont générales et n'ont pas de caractère discriminatoire" (▪ *Cass. crim. 16 avr. 1986, Jurispr. Auto 1986, p. 306*). Il ne contrevient pas non plus au traité instituant la communauté européenne car le stationnement payant n'est pas assimilable à la rémunération d'un service au sens de l'article 60 CEE. Dès lors, les règles communautaires relatives à l'abus de position dominante et à la libre prestation de services ne peuvent être appliquées au stationnement payant (▪ *Cass. crim. 2 juin 1993, Jurispr. Auto 1993, p. 497).*

Quand les conditions de légalité du stationnement sont remplies, l'usager n'a donc pas d'autre choix que de payer une redevance qui conditionne la régularité du stationnement du véhicule. Il est bien entendu que l'institution d'une taxe de stationnement n'entraîne pas une obligation d'assurer la garde des véhicules dont les conducteurs ont acquitté la taxe (▪ *TA Lyon, 10 janv. 1958, Rec. p. 668).*

1. Les modalités de paiement du stationnement

La jurisprudence a été amenée à plusieurs reprises à statuer sur les modalités de paiement du stationnement. Elle apporte des précisions intéressantes au sujet de la pratique qui consiste à aménager les tarifs à l'égard de certains usagers ou en ce qui concerne les règles de paiement à adopter.

A) Les règles de tarification

Depuis plusieurs années, les règles de tarification du stationnement ont été aménagées dans certaines villes afin d'intégrer les intérêts particuliers de catégories d'usagers, notamment des résidents et des riverains. Les pratiques consistent généralement à imaginer une tarification distincte (création d'un forfait mensuel par exemple) voire même à appliquer un tarif préférentiel pour certains usagers. De telles pratiques soulèvent incontestablement la question du respect de l'égalité entre les citoyens.

Dans une première hypothèse, la jurisprudence considère que la pratique d'une tarification distincte n'est pas en soi critiquable. L'instauration d'un forfait mensuel pour les résidents ou les riverains des voies classées en zone de stationnement payant est légale dès lors que les règles mises en place concernent tous les automobilistes sans distinction, y compris les non résidents désireux d'utiliser les emplacements réservés (▪ *Cass. crim. 16 juin 1993, JCP 1994.II.22303, note C. Lavialle).* Le Conseil d'Etat, de son côté, valide aussi une telle pratique tout en admettant que les résidents ou les riverains sont les usagers les plus susceptibles de se prévaloir du bénéfice de ces tarifs (▪ *Cons. d'Et. 4 mai 1994, Ville de Toulon, Rec. p. 221).* La légalité des tarifs préférentiels est finalement reconnue car elle n'aboutit pas à créer une catégorie privilégiée de citoyens. Tous les usagers peuvent théoriquement invoquer le bénéfice de ces tarifs.

La pratique qui consiste à proposer des forfaits mensuels aux seuls résidents apparaît quant à elle bien plus contestable sur le terrain de l'égalité entre les citoyens. Une telle pratique qui résulterait des dispositions de l'arrêté du maire encourait certainement la censure. Toutefois lorsque la pratique est le fait d'une démarche commerciale de la société concessionnaire, la Cour de cassation se refuse à juger de sa validité car il ne lui appartient pas d'apprécier les dispositions de la convention qui confie à une société privée l'exploitation de la zone de stationnement payant (*par ex.* ▪ *Cass. crim. 2 sept. 1998, Bull. crim. n° 225 ; Dr. pénal 1999, comm. 7, obs. J.H. Robert ; Rev. sc. crim. 1999, p. 575, obs. B. Bouloc).*

Dans une seconde hypothèse, la jurisprudence valide, dans une certaine mesure, l'application d'un tarif préférentiel à l'avantage de quelques catégories d'usagers. Elle a déjà pu prononcer l'illégalité d'un arrêté municipal lorsqu'il prévoit un régime favorable pour les seuls résidents (places privilégiées de stationnement) et exclut même les personnes qui séjournent quotidiennement dans la zone mais qui n'y possèdent pas de résidence (▪ *CA Chambéry, 1er juin 1995, Jurispr. Auto 1995, p. 501*). Par contre, il est admis que les différences qui existent entre usagers justifient la pratique de tarifs préférentiels (*par ex.* ▪ *Cons. d'Et. 28 févr. 1996, Association Le Vésinet sans parcmètre, req. n° 150.682*). La Cour de cassation considère en ce sens que les riverains des voies publiques peuvent profiter d'une tarification privilégiée par rapport aux autres usagers (▪ *Cass. crim. 16 févr. 1999, Bull. crim. n° 19 ; D. 1999.IR.80 ; Dr. pénal 1999, comm. 70, obs. J.H. Robert ; Rev. sc. crim. 1999, p. 808, obs. B. Bouloc* ▪ *Cass. crim. 14 mars 2000, Jurispr. Auto 2000, p. 276).* Il en est de même pour les tarifs pratiqués sur certaines voies entre les résidents du centre ville et les autres usagers (▪ *Cass. crim. 8 mars 2000, Jurispr. Auto 2000, p. 447).* Quel que soit les différences, ce sont les mêmes modes de paiement de la redevance de stationnement qui s'appliquent.

b) Les règles de paiement

La contrepartie de l'autorisation de stationner sur la zone couverte par l'arrêté municipal prend la forme, pour l'usager, du versement d'une redevance. Celle-ci est généralement acquittée par l'entremise d'horodateurs présents autour de la zone concernée qui acceptent, selon les villes, la monnaie, les cartes de crédit ou des cartes prépayées.

A plusieurs reprises des automobilistes ont contesté, pour des horodateurs ne fonctionnant qu'avec des pièces, l'obligation qui leur revenait de faire l'appoint ou de se munir de pièces de monnaie adéquates. Quelle que soit les motifs soulevés, la chambre criminelle de la cour de cassation leur a donné systématiquement tort. Elle constate que le paiement ne s'impose qu'à l'usager en quête de stationner sur la zone considérée. Dès lors, celui-ci "doit se plier aux modalités régulièrement fixées et publiées par l'autorité publique" (*V. par ex.* ▪ *Cass. crim. 27 oct. 1993, Bull. crim. n° 317 ; Dr. pénal 1994, comm. 64, obs. J.H. Robert* ▪ *Cass. crim. 1er févr.*

2000, Bull. crim. n° 51). Toutefois, l'obligation de faire l'appoint ou d'utiliser certaines pièces ou billets est admise par la chambre criminelle parce que "les appareils horodateurs sont équipés pour recevoir des pièces de monnaie d'un type déterminé selon la valeur pour laquelle elles ont cours" (▪ *Cass. crim. 21 oct. 1992, Jurispr. Auto 1993, p. 75*). Il faut donc que le moyen de paiement requis ait cours légal. C'est bien ce qui ressort encore d'autres décisions dans lesquelles elle estime que "les impératifs techniques peuvent commander l'emploi de certains moyens de paiement *parmi ceux ayant cours légal*" (▪ *Cass. crim. 27 oct. 1993, préc.* ▪ *Cass. crim. 19 janv. 1994, Dr. pénal 1994, comm. 64, obs. J.H. Robert).* Il convient de déduire de cette jurisprudence qu'aujourd'hui les horodateurs qui permettent d'utiliser certains modèles de cartes prépayées sont acceptables pour autant qu'ils permettent à l'usager de payer aussi avec un moyen de paiement reconnu légalement (pièces de monnaie, billets ayant cours ou carte de crédit).

Comme l'objectif principal du stationnement payant est de répondre aux nécessités de la circulation, l'arrêté l'instituant doit indiquer la durée de stationnement autorisée. Au-delà de la limite fixée, l'usager doit opérer un nouveau paiement. S'il ne s'exécute pas, il peut être poursuivi autant de fois qu'il dépasse le temps maximum imparti. Si, par exemple, la durée de stationnement est limitée à deux heures, chaque fois que deux heures se sont écoulées sans qu'intervienne un paiement, une nouvelle infraction est constituée. En matière de stationnement payant - contrairement au stationnement gênant - il n'est donc pas possible de soutenir que le seul effet de la prolongation du stationnement litigieux au-delà du temps réglementaire constitue la continuation de l'infraction initiale (▪ *Cass. crim. 2 oct. 1991, Jurispr. Auto 1992, p. 60* ▪ *Cass. crim. 9 févr. 1994, Jurispr. Auto 1994, p. 172).*

3. La répression du stationnement payant

Le choix d'instituer une zone de stationnement payant, même dûment motivé par les autorités municipales, ne se suffit pas à lui-même pour entrevoir une juste répression. Encore faut-il apporter la preuve que la taxe de stationnement n'a pas été perçue.

A) LA NÉCESSITÉ D'UN TEXTE

Conformément aux principes généraux du droit pénal, un automobiliste ne peut être sanctionné que si le fait reproché est prévu par les textes. L'article 111-3 du Code pénal dispose que "nul ne peut être puni pour un crime ou un délit dont les éléments ne sont pas définis par la loi ou pour une contravention dont les éléments ne sont pas définis par le règlement [et que] nul ne peut être puni d'une peine non prévue par la loi, si l'infraction est un crime ou un délit, ou par le règlement, si l'infraction est une contravention".

La présence de l'élément légal de l'infraction est la condition première de la validité des poursuites. La mise en œuvre de la répression en matière de stationnement payant ne déroge pas à cette règle et repose, comme il a déjà été vu, sur l'article L. 411-1 C. route qui reprend plusieurs dispositions du Code général des collectivités territoriales. En d'autres termes, l'automobiliste qui ne paie pas la redevance de stationnement fixée par l'autorité municipale peut être verbalisé car le maire, sur le fondement de l'article L. 2213-6 du code général des collectivités territoriales, "peut, moyennant le paiement de droit fixé par un tarif dûment établi, donner des permis de stationnement ou de dépôt temporaire sur la voie publique". Les poursuites pour non-paiement de la redevance stationnement doivent donc, sous peine de nullité, être fondées sur l'article. L. 411-1 du Code de la route et sur l'arrêté municipal pris en application de cet article. L'élément légal doit dès lors logiquement être mentionné sur l'avis de contravention déposé sur le pare-brise du véhicule. En d'autres termes, l'avis de contravention doit faire référence aux textes qui fondent la poursuite (V. *infra*, chapitre 3, section 2).

En pratique, la verbalisation du défaut de paiement de la redevance de stationnement repose, en présence du ticket horodateur, sur la constatation du dépassement du temps autorisé. A la seule lecture du ticket, l'agent est en mesure de constater le non-paiement et les poursuites ne peuvent guère souffrir de contestation. Elle peut reposer aussi sur l'absence de ticket horodateur. Ce dernier cas amène plus de difficultés car en règle générale l'automobiliste est verbalisé pour "stationnement non payé" ou pour "non affichage du ticket horodateur" de stationnement payant.

Dans la première hypothèse (stationnement non payé), les poursuites reposent généralement sur un artifice juridique. Si l'automobiliste n'est pas présent sur le lieu de stationnement, l'agent verbalisateur n'a pas de moyen de vérifier réellement que la redevance de stationnement n'a pas été payée. Il déduit de l'absence de ticket le non-paiement. Or, sur un strict plan juridique un procès verbal n'a de valeur probante que si son auteur a "rapporté sur une matière de sa compétence ce qu'il a vu, entendu ou constaté personnellement (art. 429 C. pr. pén.). L'absence de ticket peut s'expliquer par de multiples causes (disparition du ticket, ticket illisible, ticket non visible, horodateur défectueux etc.) et ne permet pas de conclure systématiquement à un non paiement. Dès lors, il est malaisé d'affirmer que l'agent verbalisateur a constaté personnellement le non-paiement au sens de l'article 429 C. pr. pén. Ce n'est finalement qu'en présence de l'automobiliste et, si ce dernier ne peut justifier sur le moment avoir acquitté la redevance de stationnement, que l'agent est véritablement en mesure de constater personnellement la réalisation de l'infraction.

Dans la seconde hypothèse (non affichage du ticket horodateur), les poursuites ne peuvent légalement prospérer que si certaines conditions sont strictement respectées. L'infraction de "non affichage du ticket horodateur" n'est pas prévue par le Code de la route. Au nom encore du principe de légalité un automobiliste ne peut donc en aucune façon être poursuivi pour non affichage du ticket horodateur *(▪ T. pol. Versailles, 30 juin 2000, Jurispr. Auto 2000, p. 548).* Toutefois, le maire peut prévoir dans ses arrêtés délimitant les zones de stationnement payant l'obligation expresse d'afficher le ticket horodateur afin que l'automobiliste puisse prouver qu'il a payé la redevance. Cette faculté lui est ouverte par l'article R. 417-6 du Code de la route qui l'autorise à prendre des dispositions réglementaires complémentaires de celles envisagées par le Code de la route en matière d'arrêt ou de stationnement gratuit ou payant. Ce n'est donc que dans ce seul cas, où un arrêté municipal prévoit d'arborer le ticket horodateur, qu'un prévenu peut être poursuivi. De surcroît, parce que cette infraction de non affichage du ticket horodateur n'est pas directement prévue par le Code de la route, il apparaît fondamental au regard du respect du droit à l'information de la personne accusée que l'avis de contravention mentionne le texte mis en œuvre pour fonder les poursuites. D'une façon générale, le procès-verbal, la citation devant le tribunal et le jugement doivent préciser à quel arrêté légalement pris il a été contrevenu (▪ *Cass. crim. 13 mars 1984, Jurispr. Auto 1984, p. 238).*

b) l'absence de contrôle des horodateurs

Contrairement aux règles applicables à l'ensemble des appareils de mesure, les horodateurs ne sont pas soumis à un contrôle périodique obligatoire. En l'état actuel de la législation, aucun texte n'exige l'apposition d'un poinçon de contrôle.

Plusieurs requérants ont tenté de se prévaloir de cette absence de contrôle pour échapper aux poursuites. Mais, jusqu'à présent, la chambre criminelle de la Cour de cassation considère que faute de texte imposant la vérification des parcmètres et des horodateurs, "la preuve contraire aux énonciations des procès-verbaux dressés en matière de stationnement par les agents assermentés ne saurait résulter du seul défaut d'un tel poinçon" *(▪ Cass. crim., 21 juin 1983, Bull. crim. n° 190 ; JCP 1983.IV.278).* Cette jurisprudence s'aligne en fait sur le principe général en vertu duquel les énonciations figurant sur un procès verbal font foi jusqu'à preuve du contraire (art. 537 C. pr. pén.). Il faut convenir au vu de la jurisprudence que l'absence de contrôle est insuffisante pour espérer dédire les indications contenues sur un PV. Il convient donc pour l'automobiliste d'apporter la preuve du mauvais fonctionnement de l'appareil.

c) le cas des horodateurs en panne

Dans l'hypothèse d'un dysfonctionnement d'un horodateur, l'automobiliste doit, pour espérer l'abandon des poursuites, établir lui-même la preuve du non-fonctionnement de l'appareil (▪ *Cass. crim. 23 mai 1984, Bull. crim. n° 189* ▪ *Cass. crim. 25 mars 1992, Bull. crim. n° 127 ; D. 1992.IR.174 ; Rev. sc. crim. 1993.97, obs. J.P. Delmas Saint-Hilaire* ▪ *Cass. crim. 27 janv. 1993, D. 1994, somm. 263, obs. P. Couvrat et M. Massé* ▪ *Cass. crim. 3 mai 1993, Dr. pénal 1993, comm. 186, obs. crit. J.H. Robert* ▪ *Cass. crim. 15 févr. 2000, Bull. crim. n° 67 ; D. 2000.IR.112 ; Jurispr. Auto 2000. 174 ; Dr. pénal 2000, comm. 90, obs. J.H. Robert ; Procédures 2000, comm. 134, obs. J. Buisson).* Si l'intéressé ne peut prouver le mauvais fonctionnement, il ne lui reste plus qu'à payer la contravention.

Ce constat doit être modéré quand les services municipaux ont connaissance d'anomalies concernant le fonctionnement de l'appareil. Lorsque la panne d'un horodateur est avérée, il est certes conseillé de la faire constater par tous moyens (écrit, témoins...) de manière à s'en prévaloir dans l'hypothèse où des poursuites seraient entamées (▪ *CA Paris, 20 mai 1997, Bull. inf. C. cass 1997, n° 1476 ; Jurispr. Auto 1998, p. 178).* En effet, le juge est toujours tenu de répondre aux conclusions du prévenu qui allègue le mauvais fonctionnement d'un appareil (▪ *Cass. crim. 8 févr. 1983, Jurispr. Auto 1983, p. 194).* Mais, un conducteur n'est pas obligé de pallier le fonctionnement défectueux d'un horodateur par une obligation spécifique, comme par exemple "s'adresser à un guichet pour payer un ticket de stationnement ainsi que cela était affiché sur l'appareil en panne, ce qui risquait de plus de lui faire manquer son train" (▪ *T. pol. Epinal, 17 déc. 1992, Jurispr. Auto 1993, p. 119).*

d) Les sanctions pour défaut de paiement

Les infractions aux règles du stationnement payant sont passibles d'une amende forfaitaire de 11 € et correspondent à la première classe de contravention (38 € maximum).

L'automobiliste qui utilise un moyen frauduleux pour se dispenser du paiement de la redevance de stationnement encourt quant à lui des peines plus sévères. C'est ainsi que l'utilisation d'une rondelle sans valeur pour déclencher le mécanisme d'un parcmètre a pu été considéré comme une escroquerie (▪ *Cass. crim. 1er déc. 1970, Gaz. Pal. 1971.2.640 ; D. 1972, p. 155, note G. Roujou de Boubée ; JCP 1972.II.17277, note R. Gassin* ▪ *Cass. crim. 29 mai 1978, Bull. crim. n° 170).* L'escroquerie est punie de cinq ans d'emprisonnement et de 375 000 € d'amende (art. 313-1 C. pén.).

B. Les zones bleues

L'autorité municipale qui désire limiter le temps de stationnement à tout ou partie de l'agglomération peut créer des zones de stationnement dites "zones bleues" (art. R. 417-3 C. route). A l'instar des emplacements de stationnement payant, le but est d'améliorer la fluidité du trafic au sein des centres ville. A défaut de motiver l'instauration d'une zone bleue par des raisons tenant à l'intérêt de l'ordre public, la sécurité ou les nécessités de la circulation publique, l'arrêté municipal sera annulé (▪ *Cons. d'Et., 12 nov. 1975, Gaz. Pal. 1976.1. somm. p. 115 ; AJDA 1976, p. 147).* Dans un cas comme dans l'autre, la durée du stationnement se trouve limitée même s'il est toujours envisageable de revenir sur place pour réinitialiser son disque ou pour réalimenter l'horodateur. En réalité, le stationnement peut donc dépasser la durée autorisée. Une seule différence existe finalement entre ces deux modes de stationnement. Elle réside dans le fait que le stationnement dans une zone bleue est gratuit, contrairement, par définition, au stationnement payant.

Lorsque l'autorité municipale décide de limiter la durée de stationnement, l'automobiliste doit, sur la zone considérée, apposer un disque conforme à un modèle type et le placer à l'avant du véhicule, sur la face interne ou à proximité immédiate du pare brise afin de faciliter le contrôle du respect de la durée de stationnement autorisée (art. R. 417-3 V C. route). Les caractéristiques légales du disque sont précisées par différents textes de nature réglementaire (décret n° 60-226 du 26 févr. 1960 ; arrêtés du 29 févr. 1960, du 18 juin 1960 et du 1er oct. 1962 ; circulaire n° 60-109 du 17 mars 1960, *BOMI* 1960, p. 53).

L'arrêté qui instaure une zone de stationnement limitée doit contenir, outre la motivation tenant aux nécessités de la circulation, plusieurs précisions. A peine de nullité, l'arrêt municipal doit indiquer la durée de stationnement autorisée et les horaires durant lesquels celui-ci se trouve limité. Même en présence de telles précisions, il peut être déclaré illégal quand il débouche sur une interdiction générale et absolue de stationnement. C'est le cas, par exemple, de l'arrêté municipal qui limitait la durée du stationnement dans les rues d'une commune entre 1h30 et 6h du matin. Ce faisant, il interdisait tout stationnement (▪ *T. pol. Grenoble, 21 févr. 1958, S. 1958, p. 251, note A.M.).*

Si les conditions de légalité du stationnement limité sont réunies, l'automobiliste qui dépasse la durée autorisée ou qui ne respecte pas les conditions relatives à l'apposition du disque (non apposition, mauvais placement, modèle de disque non conforme) encourt une amende forfaitaire de 11 € ou peut être sanctionné d'une amende correspondant à la première classe de contravention (38 € maximum).

C. Le stationnement abusif

Le fait de laisser son véhicule à un même endroit sur une route, au-delà d'une certaine durée, est considéré par le Code de la route comme un stationnement abusif.

L'article L. 325-1 C. route pose en principe général l'interdiction de tout stationnement de véhicule qui compromet notamment "l'utilisation normale des voies ouvertes à la circulation". Il est évident qu'un stationnement prolongé est de nature à entraver la fluidité du trafic en limitant la rotation des véhicules. Aussi, plus précisément, l'article R. 417-12 C. route interdit de laisser abusivement un véhicule en stationnement sur une route. L'abus est caractérisé lorsque le véhicule est en stationnement ininterrompu "en un même point de la voie publique ou de ses dépendances, pendant une durée excédant sept jours". Tout automobiliste ne peut donc garer son véhicule sur une voie publique entendue au sens large (par exemple un parking public) plus de sept jours d'affilée.

Dans certaines villes, cette durée est inférieure. En effet, l'autorité municipale peut très bien fixer le temps de stationnement à moins de sept jours, voire même à quelques heures. Ainsi, certains arrêtés municipaux créant des zones bleues prévoient parfois que le dépassement de la durée prévue est constitutif d'un stationnement abusif. Pour tout stationnement abusif, l'automobiliste est passible d'une amende forfaitaire de 35 € ou peut être sanctionné d'une amende de deuxième classe de contravention (150 € maximum).

§ 2. Le stationnement unilatéral alterné

Le stationnement unilatéral alterné figure au titre des pouvoirs reconnus au maire en matière de circulation routière. Là encore, cette faculté n'est ouverte que sous la condition essentielle de justifier la mesure de stationnement unilatéral alterné par les nécessités de la circulation. Sous cette réserve, le maire peut parfois interdire le stationnement des deux côtés d'une rue. Une telle décision sera validée si elle est commandée par l'étroitesse de la voie ou par l'intensité du trafic (Cons. d'Et. 14 mars 1973, *Sieur Almela*, *Rec.* CE, p. 213).

La mise en œuvre du stationnement unilatéral alterné est régie directement par les dispositions du Code de la route (art. R. 417-2). Le stationnement doit s'effectuer comme suit :

- Du 1er au 15 de chaque mois, le stationnement est autorisé du côté des numéros impairs des immeubles bordant la rue ;
- Du 16 au dernier jour du mois, le stationnement est autorisé du côté des numéros pairs ;
- Le changement de côté s'opère le dernier jour de chacune de ces périodes entre 20 h 30 et 21 heures.

Il convient de noter que les jours de changement de côté sont impératifs et s'appliquent sur l'ensemble du territoire. Par contre, pour les horaires de changement de côté, le maire peut prendre des dispositions différentes au sein de sa ville.

L'instauration du stationnement unilatéral alterné implique que des mesures de signalisation adéquates aient été adoptées. Le stationnement doit être signalé soit sur les lieux de l'infraction, soit à l'entrée de la ville. A défaut il est inopposable aux automobilistes (▪ *TI Aix-en-Provence, 11 avr. 1989, JCP 1990.II.21463, note P. Chambon ; Jurispr. Auto 1989, p. 329).* Dans le cas d'une signalisation à l'entrée d'une ville, le stationnement unilatéral à alternance semi-mensuelle est applicable à l'ensemble des voies de la dite ville. Dans l'hypothèse d'un horaire de changement de côté différent de celui prévu par le Code de la route, une mesure de signalisation appropriée doit être présente. Il convient, en ce sens, de se référer aux dispositions générales de l'article R. 411-25 du Code de la route qui dispose que toutes les dispositions réglementaires prises par l'autorité de police compétente "doivent faire l'objet de mesures de signalisation [et] ne sont opposables aux usagers que si les dites mesures ont été prises".

Le contrevenant aux règles du stationnement alterné unilatéral s'expose à une peine d'amende forfaitaire de 11 € ou une amende de la première classe de contravention (38 € maximum). L'article R. 417-2 du Code de la route ne prévoit pas de possibilité de mise en fourrière du véhicule qui ne respecte pas la réglementation du stationnement alterné unilatéral. Il en va différemment si le véhicule est garé de telle façon que le stationnement est gênant (par exemple véhicule garé du mauvais côté et qui empiète sur le trottoir).

§ 3. Le stationnement devant son propre garage

Le stationnement de véhicule devant son propre garage amène deux observations contradictoires. Le stationnement devant les entrées carrossables est par principe interdit (V. *supra*). En même temps, il ne saurait véritablement y avoir de gêne pour l'occupant d'un immeuble si le véhicule stationné devant l'entrée de son garage lui appartient. La jurisprudence, elle-même parfois contradictoire, a été amenée à trancher à plusieurs reprises cette question. Elle permet cependant de dégager quelques principes.

Lorsqu'une zone bleue ou une zone de stationnement payant couvre la voie se situant devant un garage, le propriétaire de celui-ci ne peut bénéficier d'aucune faveur et, en conséquence, il doit respecter la durée de stationnement et respecter les règles relatives au stationnement payant. Dans l'hypothèse où le garage se situe dans une rue couverte par une zone bleue, c'est parce que l'interdiction de stationner au-delà de la durée réglementaire s'applique de façon générale à toute la zone "bleue", qu'un automobiliste qui stationne devant son propre garage est tenu lui aussi de la respecter. La cour de cassation estime que la durée autorisée de stationnement doit s'appliquer à toute la zone délimitée par l'arrêté, y compris devant le garage de l'automobiliste *(▪ Cass. crim. 1er déc. 1965, Gaz. Pal. 1966.1.151)*. Dans l'hypothèse où un automobiliste laisse son véhicule devant le bateau d'un garage dont il a l'usage exclusif sans acquitter les redevances, il doit là encore être verbalisé au motif qu'il est bien interdit par principe de stationner devant son propre garage (▪ *Cass. crim. 8 avr. 1992, D. 1993, p. 365, note P. Chambon ; D. 1994, somm. 262, obs. P. Couvrat et M. Massé ; Gaz. Pal. 1993.1.21, note J.P. Doucet)*. Dans l'une ou l'autre hypothèse, la condamnation du propriétaire du véhicule peut s'expliquer par le fait qu'une décision contraire reviendrait "à rompre le principe d'égalité avec les autres utilisateurs de la voie publique et à l'usage d'une portion de celle-ci sans autorisation" (▪ *Cass. crim. 8 avr. 1992, préc.).*

En l'absence de zone bleue ou de zone de stationnement payant, l'état de la jurisprudence permet difficilement, pour l'instant, de dégager une ligne directrice précise même s'il convient de penser que l'application des règles générales de stationnement doit l'emporter sur toute autre considération. A cet égard, il paraît évident qu'un automobiliste ne peut pas raisonnablement stationner son véhicule devant l'entrée de son garage, s'il gêne la circulation au sens de l'article R. 417-10 C. route. L'automobiliste qui stationne son véhicule sur le trottoir devant l'entrée de son immeuble gêne les piétons et peu importe qu'il leur laisse un espace suffisant pour passer. A ce titre, le stationnement est irrégulier (▪ *Cass. crim. 17 oct. 2000, Jurispr. Auto 2001, p. 19).* Cette solution doit s'étendre à d'autres cas de figure tel que le stationnement d'un véhicule sur une chaussée étroite divisée par une ligne continue ou à proximité de panneaux et signaux lumineux.

La conclusion est moins évidente lorsque le véhicule est stationné devant l'entrée d'un garage sans que la circulation des piétons ou des automobilistes n'en soit affectée. Il a été jugé dans un premier temps "qu'aucune exception aux règles générales du stationnement ne peut être faite pour les occupants des immeubles ou pour les usagers autorisés par eux" (▪ *T. pol. Lille, 19 nov. 1964, D. 1965, somm. 5 ; Gaz. Pal. 1965.1.92).* Il est vrai que l'article R. 417-10 C. route qui interdit le stationnement devant les entrées carrossables des immeubles riverains n'opère pas de distinctions entre le propriétaire de l'immeuble et les autres automobilistes. Plus récemment néanmoins, il a été considéré que le stationnement d'un véhicule en face d'une entrée carrossable était légal, à partir du moment où il était placé dans une position normale, sans gêne pour la circulation et "qu'il s'agissait en fait de l'entrée de l'immeuble appartenant à la famille du prévenu" (▪ *T. pol. Sélestat, 3 déc. 1993, Jurispr. Auto 1994, p. 279).* Cette dernière décision privilégie l'esprit du texte interdisant le stationnement devant les entrées carrossables. Celle-ci est en effet prévue dans l'intérêt des personnes occupant l'immeuble. Le fait de se garer devant leur propre immeuble ne leur procure aucune gêne. Pour autant, une telle solution ne facilite pas la tâche des agents verbalisateurs qui ne peuvent toujours être en mesure de vérifier sur le champ l'appartenance du véhicule en infraction.

2

Les règles particulières de stationnement

Les règles générales de stationnement ont vocation, en principe, à s'appliquer aux véhicules automobiles. Il ne faut pas perdre de vue cependant que les obligations en matière de stationnement s'expliquent le plus souvent par la nécessité de réguler la circulation sur les voies publiques. Ainsi, les entraves à la circulation sont interdites (section 1) et le Code de la route consacre des règles plus spécifiques qui ne concernent pas uniquement les véhicules automobiles (section 2).

Section 1. L'interdiction des entraves à la circulation

Dans l'intérêt de tous les automobilistes et au nom de la liberté de se déplacer, il paraît évident que toute entrave à la circulation doit être sévèrement sanctionnée. Plusieurs interdictions figurent en ce sens dans le Code de la route. Ce dernier opère une distinction tenant au degré de gravité de l'infraction entre la gêne et l'entrave strictement dite (§ 1) et les troubles à la circulation (§ 2).

§ 1. L'entrave ou la gêne à la circulation

L'entrave ou la gêne à la circulation est réprimée spécifiquement par l'article L. 412-1 du Code de la route. "Le fait de placer ou de tenter de placer sur une voie ouverte à la circulation publique, un objet faisant obstacle au passage des véhicules ou d'employer, ou de tenter d'employer un moyen quelconque pour y mettre obstacle, en vue d'entraver ou de gêner la circulation" est constitutif d'un délit.

L'une des situations visée par cet article concerne en premier chef les barrages routiers opérés à l'occasion de certaines manifestations. Cette infraction se réalise par le placement d'un "objet" sur la voie publique dans le but de gêner ou d'entraver la circulation. Le seul fait de gêner la circulation n'est donc pas suffisant en soi. Des motards en colère, par exemple, qui interpellent les automobilistes devant le poste de péage d'une autoroute ne peuvent être poursuivis même si la manifestation n'est pas autorisée (▪ *CA Besançon, 17 avr. 1985, Gaz. Pal. 1986, 1, somm. 5, note J.P. Doucet).* De même des individus, bien que gênant la circulation, ne sont pas assimilables à des objets. Il en est ainsi pour la mise en place à chaque carrefour de commissaires chargés par l'organisateur d'une course cycliste d'empêcher les éventuels automobilistes de circuler dans le sens inverse de la course. Les éléments constitutifs du délit de gêne ou d'entrave à la circulation ne sont pas réunis (▪ *CA Grenoble 21 oct. 1992, Jurispr. Auto 1992, p. 493).* Par contre le déversement, à l'occasion d'une manifestation agricole, de plusieurs centaines de tonnes de pommes de terre sur la chaussée, rendant impossible toute circulation automobile, constitue bien le délit d'entrave à la circulation (▪ *Cons. d'Et. 18 nov. 1998, Dr. adm. 1999, n° 21).*

La présence d'un objet sur la chaussée n'entraîne pas automatiquement l'application de l'article L. 412-1 C. route. Encore faut-il que la personne concernée l'ait placé en poursuivant un but déterminé. Elle doit avoir cherché à entraver ou à gêner la circulation en plaçant un objet faisant obstacle au passage des véhicules. Ainsi l'édification d'un muret qui a pour effet de réduire la largeur de la chaussée n'est pas sanctionnable sur le fondement de cet article si l'édification n'a pas été volontairement accomplie en vue de gêner ou d'enrayer la circulation (▪ *Cass. crim. 4 déc. 1969, Bull. crim. n° 327).*

Les conditions de réalisation du délit d'entrave ou de gêne à la circulation répondent à des exigences strictes. Ceci dit, comme le texte s'applique sur une "voie ouverte à la circulation publique", le fait de placer volontairement un objet sur une rue privée peut constituer le délit. Dans le même sens, le fait de poser des piquets sur un chemin ouvert à la circulation publique quelle que soit sa nature de chemin rural ou de terre constitue le délit d'entrave ou de gêne à la circulation publique (▪ *Cass. crim. 17 avr. 1991, Jurispr. Auto 1991, p. 281).* En somme, dès que le public est amené à circuler sur une voie, fut-elle privée, les poursuites sont possibles. Il appartient au juge de déterminer souverainement si une voie privée est ouverte ou non à la circulation publique (▪ *Cass. crim. 6 mars 1984, Bull. crim. n° 88 ; JCP 1984.IV.155* ▪ *Cass. crim. 14 juin 1988, Jurispr. Auto 1988, p. 382).*

Le délit d'entrave ou de gêne à la circulation peut faire l'objet de plusieurs sanctions. L'article L. 412-1 C. route indique que l'intéressé est passible de deux ans d'emprisonnement et de 4 500 € d'amende. Les peines complémentaires de suspension du permis de conduire et de retrait de six points sur le permis de conduire sont également prévues par le texte de loi. La suspension est prononcée par le juge pour une durée de trois ans au plus. Le retrait de points intervient quant à lui de façon automatique. Dans le cas où l'infraction est réalisée à l'aide d'un véhicule, l'immobilisation et la mise en fourrière de ce dernier est au surplus possible. Enfin, il convient de préciser que la tentative d'entrave ou de gêne à la circulation est punie des mêmes peines contrairement aux troubles apportés à la circulation, sanctionnés d'une peine plus légère.

§ 2. Les troubles apportés à la circulation

Le trouble à la circulation correspond au "fait de placer sur une voie ouverte à la circulation publique ou à ses abords immédiats un objet ou un dispositif susceptible de troubler la circulation, à la condition que l'intéressé n'obtempère pas aux injonctions adressées par un agent habilité à constater les infractions, en vue de l'enlèvement de l'objet" (art. R. 412-51 C. route). Cette infraction peut se distinguer de l'entrave ou de la gêne à la circulation, au travers de trois remarques. D'abord les effets sur la circulation ne sont pas encore survenus. Ensuite, il ne doit s'agir que d'un trouble à la circulation et non d'une paralysie partielle ou complète de celle-ci. En d'autres termes, les effets sur la circulation doivent rester limités. Enfin, le trouble peut se matérialiser sur une voie publique mais aussi à ses abords immédiats.

Le constat du placement d'un objet ou d'un dispositif de nature à troubler la circulation n'est pas, une fois encore, suffisant pour motiver les poursuites. Elles ne se justifient que si la personne en cause n'a pas obtempéré aux injonctions adressées par les forces de l'ordre habilitées à constater les infractions en matière de circulation routière, en vue de l'enlèvement du dit objet ou dispositif. C'est ainsi que la contravention de trouble à la circulation routière est réalisée lorsque deux chauffeurs de taxis prennent un troisième "en tenaille" pour l'empêcher de quitter la file avant son tour selon les règles de la profession et persistent dans cette attitude en dépit de l'intervention des agents habilités à constater cette infraction (▪ *Cass. crim. 10 nov. 1992, Bull. crim. n° 368 ; D. 1994, somm. p. 260, obs. P. Couvrat et M. Massé).*

Les troubles apportés à la circulation sont passibles d'une amende forfaitaire de 135 € ou d'une amende correspondant à la 4e classe de contravention (750 € au maximum). Lorsque la contravention est commise à l'aide d'un véhicule, l'immobilisation et la mise en fourrière de celui-ci peuvent être également commandées.

Section 2. Les situations singulières de stationnement

La réglementation du Code de la route a surtout vocation à s'appliquer aux véhicules automobiles. Il existe au demeurant, en matière de stationnement, des règles qui régissent plus spécialement les animaux (§ 1), les véhicules à traction animale (§ 2), les mobylettes et les cycles (§ 3), les remorques (§ 4) et les caravanes (§ 5).

§ 1. Le stationnement des animaux

Le fait de laisser à l'arrêt ou en stationnement un animal isolé ou un groupe d'animaux nécessite de respecter une série d'obligations particulières (art. R. 412-49 C. route). A l'instar des véhicules automobiles, leur placement sur la chaussée ne doit pas déroger aux prescriptions concernant l'arrêt ou le stationnement gênant ou dangereux. Il doit encore se conformer à toute disposition prise par l'autorité investie du pouvoir de police. Enfin, l'arrêt ou le stationnement d'un animal ou d'un groupe d'animaux doit s'opérer avec l'assurance que toutes les précautions utiles ont été prises pour prévenir tout risque d'accident du fait de l'absence du propriétaire ou du gardien (par ex. s'assurer que l'animal est attaché sans pouvoir gêner la circulation). Le non respect de ces diverses obligations est sanctionné par une amende forfaitaire de 11 € ou d'une amende correspondant à la 1ère classe de contravention (38 € maximum).

La nuit et dès la chute du jour, l'arrêt ou le stationnement d'un animal ou d'un groupe d'animaux exige un effort particulier de signalisation. En agglomération, l'utilisation d'une lanterne allumée sur le lieu d'arrêt ou de stationnement est requise lorsque la luminosité est insuffisante et ne permet pas "aux autres usagers de voir distinctement le ou les animaux à une distance suffisante (art. R. 412-48 al. 2 C. route). La sanction encourue pour la violation de ces prescriptions est une amende forfaitaire de 135 € ou d'une amende correspondant à la 4e classe de contravention (750 € maximum).

A l'issue de l'arrêt ou du stationnement, le conducteur du ou des animaux doit respecter une ultime obligation. Il est tenu d'avertir les autres usagers de son intention de reprendre sa place dans le flot de la circulation (art. R. 412-47 C. route). A défaut, il encourt une amende forfaitaire de 35 € ou une amende correspondant à la 2e classe de contravention (150 €).

§ 2. Le stationnement des véhicules à traction animale

L'arrêt ou le stationnement de véhicules à traction animale (véhicule hippomobile par exemple) est réglementé par l'article R. 313-23 du Code de la route. Les obligations spécifiques concernent l'éclairage et la signalisation des véhicules. En principe, la nuit ou le jour, en cas de visibilité insuffisante, les véhicules à traction animale doivent être éclairés par un ou deux feux émettant vers l'avant une lumière blanche ou jaune et un ou deux feux émettant vers l'arrière une lumière rouge, placés de façon symétrique. Dans l'hypothèse où le véhicule en stationnement ne comporte qu'un seul feu à lumière blanche ou jaune et un seul feu à lumière rouge chacun d'eux doit être placé du côté opposé au trottoir ou à l'accotement.

Toutefois, certaines catégories de véhicules peuvent n'être "signalées que par un feu unique, placé du côté opposé à l'accotement ou au trottoir, émettant vers l'avant une lumière blanche ou jaune et vers l'arrière une lumière rouge". Les véhicules concernés sont : les véhicules à traction animale à un seul essieu, les véhicules à traction animale à usage agricole (le feu doit être fixé au véhicule ou porté à la main par un convoyeur se trouvant immédiatement à côté et à gauche du véhicule), les autres véhicules à traction animale en stationnement, lorsqu'ils ne dépassent pas une longueur de 6 mètres.

Pour l'arrêt ou le stationnement des véhicules à traction animale au sein d'une agglomération, les exigences sont assouplies dans le sens où l'emploi des feux n'est plus obligatoire lorsque l'éclairage de la chaussée permet aux autres usagers de voir distinctement le véhicule à une distance suffisante.

Enfin, pour les voitures à bras, les obligations se confondent avec la réglementation requise pour les véhicules à traction animale à un seul essieu (usage d'un feu placé du côté opposé à l'accotement ou au trottoir, émettant vers l'avant une lumière blanche ou jaune et vers l'arrière une lumière rouge). La nuit ou le jour lorsque la visibilité est insuffisante, le conducteur d'une voiture à bras doit placer son véhicule à l'arrêt ou en stationnement et faire usage des dispositifs réglementaires (art. R. 313-23 VII).

Les sanctions encourues sont de deux types. Pour toute infraction aux dispositions concernant l'équipement des véhicules, le contrevenant s'expose au paiement d'une amende forfaitaire de 68 € ou d'une amende correspondant à la 3e classe de contravention (450 € au maximum). Pour une infraction liée au défaut d'usage des feux la nuit ou le jour lorsque la visibilité est insuffisante, la peine encourue est plus sévère (amende forfaitaire de 135 € ou amende correspondant à la 4e classe de contravention, c'est-à-dire de 750 € au maximum).

§ 3. Le stationnement des mobylettes et des cycles

L'arrêt ou le stationnement des motocyclettes à deux roues sans side-car non munies de batterie, des cyclomoteurs à deux roues et des cycles à deux roues, n'est soumis à aucune exigence particulière de signalisation. Toutefois, l'absence de signalisation est soumise au respect de deux conditions : l'arrêt ou le stationnement doit s'effectuer impérativement sur le bord de la chaussée et ils ne doivent pas être attelés à une remorque.

§ 4. Le stationnement des remorques

Les remorques qui ne sont pas accouplées à un véhicule sont sujettes elles aussi à des règles spécifiques lorsqu'elles sont garées sur la chaussée. Une distinction est opérée selon que la remorque dépasse ou non six mètres. Pour les remorques supérieures à six mètres, le conducteur est tenu de les signaler soit, avec à l'avant, le ou les feux de position allumés et à l'arrière, le ou les feux rouges et le ou les feux d'éclairage de la plaque d'immatriculation arrière allumés, soit par un feu blanc à l'avant et un feu rouge à l'arrière placés l'un et l'autre sur le côté du véhicule opposé au bord de la chaussée le long duquel la remorque est garée. Pour les remorques inférieures à six mètres, les deux feux peuvent être réunis en un appareil unique. Le non respect de ces règles peut entraîner le paiement d'une amende forfaitaire de 135 € ou d'une amende correspondant à la 4e classe de contravention (750 € maximum).

§ 5. Le stationnement des caravanes

Le stationnement des caravanes est peu appréhendé par le Code de la route. L'article R. 417-13 vient toutefois préciser que dans les zones touristiques délimitées par l'autorité investie du pouvoir de police, le stationnement gênant d'un véhicule ou d'un ensemble de véhicules de plus de vingt mètres carrés de surface maximale, lorsqu'il s'est poursuivi pendant plus de deux heures après l'établissement d'un procès-verbal constatant un stationnement gênant, est considéré comme un stationnement abusif. Dans ce cas, la peine est plus sévère et l'intéressé encourt une amende forfaitaire de 135 € ou d'une amende correspondant à la 4e classe de contravention (750 € maximum). Lorsque le propriétaire ou le conducteur du véhicule est absent ou refuse, en dépit de l'injonction des agents, de faire cesser le stationnement abusif, l'immobilisation et la mise en fourrière peuvent être décidées. Ces dispositions, applicables sur les voies publiques, sont complétées par une réglementation plus spécifique au stationnement prolongé sur des terrains publics ou privés (V. J.M. Sommer, Accueil et habitat des gens du voyage : le stationnement irrégulier, *AJDI*, 2001, p. 133).

La réglementation essentielle concernant le stationnement des caravanes se trouve finalement au sein du Code de l'urbanisme aux articles L. 443-1 et R. 443-1 et suivants. Une caravane correspond à un véhicule ou un élément de véhicule "qui, équipé pour le séjour ou l'exercice d'une activité, conserve en permanence des moyens de mobilité lui permettant de se déplacer par lui-même ou être déplacé par simple traction" (art. R. 443-2 C. urb.). L'appréciation de la nature du véhicule appartient au juge. Ainsi, une caravane encore régulièrement immatriculée et dont les roues ont été retirées, tout en restant entre les mains du propriétaire, est considérée comme ayant conservé ses moyens de mobilité et donc reste soumise à la réglementation concernant les caravanes (▪ *Cass. crim. 20 févr. 1992 ; D. 1994, somm. p. 264, obs. P. Couvrat et M. Massé).*

La question du stationnement des caravanes est en fait abandonnée, par l'article R. 443-3 du Code de l'urbanisme, au pouvoir de police des autorités municipales. Cet article dispose que "le stationnement des caravanes, quelle qu'en soit la durée, en dehors des terrains aménagés, peut être interdit par arrêté dans certaines zones, à la demande ou après avis du conseil municipal". Cette faculté ne concerne pas les foires, marchés, voies et places publiques. En dehors des ces exclusions, les règles sont donc variables selon les villes. Néanmoins, indépendamment de son contenu, la réglementation du stationnement des caravanes est opposable à l'usager si des mesures de signalisation ont été prises (▪ *Cass. crim. 13 janv. 1987, Bull. crim. n° 18).*

Le principe du stationnement des caravanes sur les voies et les places publiques n'est pas quant à lui fixé par la jurisprudence. Dans ces conditions, il convient de penser au regard de la jurisprudence en général qu'une interdiction absolue de tout stationnement de caravane au sein d'un ville serait considéré comme illégal contrairement à un arrêté prohibant le stationnement en dehors de certains lieux précisés par l'autorité de police ou d'un arrêté se cantonnant à la limitation de la durée du stationnement.

3

La constatation des infractions au stationnement

La constatation des infractions en matière de stationnement ne déroge pas aux principes généraux de la procédure pénale. Dès lors, la validité des poursuites suppose que soit respectées de nombreuses exigences. Celles-ci tiennent à la compétence de l'agent qui a constaté l'infraction (section 1) et au contenu du procès-verbal de constatation de l'infraction (section 2). Le Code de la route comporte toutefois des règles qui lui sont propres. Elles concernent l'identification du conducteur du véhicule en infraction (section 3) et la signalisation du stationnement (section 4).

Section 1. Les agents verbalisateurs compétents

Seuls les agents présentant les qualités requises par la loi sont habilités à constater les infractions à la circulation routière. Sans distinction de leur fonction, les divers agents doivent toujours être assermentés (art. L. 130-7 C. route). Les catégories d'agents habilités à verbaliser l'ensemble des infractions au stationnement ont été progressivement étendues au point de comprendre, depuis peu, l'ensemble des forces de police et de gendarmerie (§ 1). Avec un domaine d'action plus limité, d'autres catégories de personnes disposent aussi d'un pouvoir d'intervention (§ 2).

§ 1. La compétence générale en matière de stationnement

Il est évident, en vertu de leur pouvoir général de constatation des infractions que les gendarmes et les fonctionnaires de la police nationale ont le droit de verbaliser en matière de stationnement (A). Les policiers municipaux ont vu leurs prérogatives étendues au point de connaître la quasi totalité des infractions de stationnement (B).

A. La police nationale et la gendarmerie nationale

Les agents de police et les gendarmes, en fonction de leur grade, de leur ancienneté ou de leur statut, appartiennent soit à la catégorie des officiers de police judiciaire soit à celle des agents de police judiciaire soit à celle des agents de police judiciaire adjoints. Les pouvoirs en matière de recherche et de constatation des infractions dépendent directement de la catégorie d'appartenance.

Au regard des dispositions du Code de procédure pénale, un officier de police judiciaire et un agent de police judiciaire ont toute compétence, dans les limites de leur circonscription, pour constater les crimes, les délits et les contraventions et d'en dresser procès verbal. Leurs pouvoirs recouvrent donc toutes les infractions au stationnement des véhicules. Les agents de police judiciaire voient toutefois l'exercice de leurs attributions suspendues lorsqu'ils participent en unité constituée, à une opération de maintien de l'ordre.

Ont la qualité d'officier de police judiciaire, en vertu de l'article 16 du Code de procédure pénale :

- les maires et leurs adjoints ;
- les officiers et les gradés de la gendarmerie, les gendarmes comptant au moins trois ans de service dans la gendarmerie ;
- les inspecteurs généraux, les sous-directeurs de police active, les contrôleurs généraux, les commissaires de police, les fonctionnaires titulaires du corps de commandement et d'encadrement de la police nationale ;
- les fonctionnaires du corps de maîtrise et d'application de la police nationale comptant au moins trois ans de service dans le corps.

Ont la qualité d'agent de police judiciaire, en vertu de l'article 20 du Code de procédure pénale :

- les gendarmes n'ayant pas la qualité d'officier de police judiciaire ;
- les fonctionnaires titulaires du corps de commandement et d'encadrement de la police nationale n'ayant pas la qualité d'officier de police judiciaire, les fonctionnaires stagiaires de ce même corps et les élèves lieutenants de police ;
- les fonctionnaires du corps de maîtrise et d'application de la police nationale qui comptent au moins deux ans de service en qualité de titulaires (sous réserve pour certains gardiens de la paix d'avoir satisfait à un examen technique ou de détenir les qualifications professionnelles permettant l'accès au grade supérieur).

Les compétences générales en matière de constatation des infractions prévues par le Code de procédure pénale sont complétées par des dispositions spécifiques au domaine de la circulation routière. Le Code de la route étend, en effet, les catégories de personnel autorisées à constater les infractions. Ainsi, les articles L. 130-1 à L. 130-3 permettent à tous les fonctionnaires de police (corps de commandement, d'encadrement, de maîtrise et d'application) qui ne disposent pas de la qualité d'officier de police soit de l'obtenir en vue de rechercher et de constater les infractions à la circulation routière soit d'exercer les attributions d'agents de police judiciaire dans ce seul domaine. En conséquence, tous les fonctionnaires de police ont le pouvoir de constater les contraventions en matière de stationnement de même que tous les gendarmes qui, par application de l'article 20 du Code de procédure pénale ont, automatiquement, au moins la qualité d'agent de police judiciaire. Tel n'est pas le cas, par contre, des personnes employées dans les services de police ou de gendarmerie et qui n'ont pas le statut de fonctionnaire de police ou de gendarme (adjoint de sécurité par exemple). Les policiers municipaux font, quant à eux, l'objet d'un traitement spécifique.

B. La police municipale

Les agents de police municipale ont la qualité d'agents de police judiciaire adjoints (art. 21 C. pr. pén.). A ce titre, ils ont pour mission de seconder les officiers de police judiciaire et de "rendre compte à leurs chefs hiérarchiques de tous crimes, délits ou contraventions". Leur qualité d'agents de police judiciaire adjoints limitait sensiblement leur pouvoir en matière de constatation des infractions, y compris pour des contraventions de stationnement. Ainsi, en dépit de leur agrément et de leur assermentation, ils ne pouvaient par exemple valablement dresser un PV pour stationnement dangereux (▪ *Cass. crim. 18 juin 1986, Jurispr. Auto 1986, p. 542*).

Désormais, depuis la loi du 15 avril 1999 (*JO* 16 avril 1999) et plusieurs décrets (24 mars 2000 : *JO* 26 mars 2000 ; 22 mars 2001 : *JO* 25 mars 2001 ; 27 août 2001 : *JO* 28 août 2001 ; 15 oct. 2002, *JO* 16 octobre 2002), tout en conservant leur statut d'agents de police adjoints, les policiers municipaux bénéficient d'attributions élargies dans le domaine de la circulation routière. Tout en continuant d'assurer l'exécution des arrêtés de police du maire et de constater par procès-verbaux les contraventions à ces arrêtés, les policiers municipaux peuvent verbaliser toutes les contraventions aux dispositions gouvernant l'arrêt et le stationnement des véhicules, excepté le fait de placer un objet sur la chaussée risquant de causer un trouble à la circulation (R. 130-2 et R. 412-51 C. route). Cette faculté ne s'exerce bien évidemment que sur le territoire de la commune pour laquelle travaille le policier municipal et sur les voies autres que les autoroutes (art. L. 130-5 et R. 130-2 C. route). En tout état de cause, les agents ayant le statut de policiers municipaux sont habilités à constater par procès-verbaux la majeure partie des contraventions à la circulation routière et leurs moyens pour accomplir cette mission se sont notablement accrus. C'est ainsi qu'ils peuvent, par exemple, consulter le fichier le fichier national du permis de conduire pour identifier les auteurs des infractions au code de la route qu'ils son habilités à constater (V. G. Defrance, L'extension des pouvoirs de la police municipale, *Jurispr. Auto* 2003, p. 104). Dans l'hypothèse où le policier municipal n'a pas le pouvoir de dresser procès-verbal des contraventions au Code de la route, il lui appartient de rendre compte au maire et à l'officier de police judiciaire territorialement compétent de tous crimes, délits et contraventions dont il a eu connaissance (▪ *Cass. crim. 14 nov. 2000 : Bull. crim. n° 340 ; D. 2001.IR.524).* Les policiers municipaux sont nommés par le maire et reçoivent une formation spécifique.

Quoi qu'il en soit, les agents chargés de la police du stationnement doivent travailler sous l'autorité directe du maire. Ils ne peuvent être mis, par convention, à la disposition d'une société qui assurera leur encadrement et l'organisation de leur travail *(▪ Cons. d'Et. 1er avr. 1994, JCP 1994.IV.1503 ; Gaz. Pal. 18 févr. 1995, panor. dr. adm. ; Jurispr. Auto 1994, p. 330 ▪ Cass. crim. 11 janv. 1995, p. 126).*

§ 2. La compétence spécifique en matière de stationnement

Indépendamment des pouvoirs dévolus aux officiers et aux agents de police judiciaire, plusieurs autres catégories d'agents disposent de la possibilité de constater bon nombre d'infractions aux règles de l'arrêt et du stationnement des véhicules. Les gardes champêtres des communes, les agents titulaires ou contractuels de l'Etat et les agents des communes, titulaires ou non, chargés de la surveillance de la voie publique, les agents des services publics urbains de transport en commun de voyageurs, les officiers de port et les officiers de port adjoints, les agents de surveillance de Paris peuvent constater l'ensemble des contraventions aux dispositions concernant l'arrêt ou le stationnement des véhicules.

Les gardes champêtres, les adjoints de sécurité, les volontaires servant en qualité de militaires dans la gendarmerie, les fonctionnaires des services actifs de police nationale ne remplissant pas les conditions pour avoir la qualité d'agent de police judiciaire ont une compétence générale en matière d'arrêt et de stationnement de véhicules (art. R. 130-1-1, art. R. 130-3 C. route).

Les agents de surveillance de Paris peuvent aussi verbaliser de telles infractions, hormis le cas de trouble à la circulation prévu par l'article R. 412-51 C. route, tout comme les agents de police municipale.

Les agents titulaires ou contractuels de l'Etat et les agents des communes, titulaires ou non, chargés de la surveillance de la voie publique, agréés par le procureur de la République ainsi que les agents agréés des services publics urbains de transport en commun de voyageurs disposent du pouvoir de verbaliser les infractions à l'arrêt et au stationnement des véhicules, à l'exception cette fois des cas de stationnement considérés comme dangereux (notamment, lorsque la visibilité est insuffisante, l'arrêt et le stationnement à proximité des intersections de route, des virages, des sommets de côte et des passages à niveau : art. R. 417-9 C. route).

La verbalisation des contraventions aux règles de l'arrêt ou du stationnement des véhicules passe toutefois par le respect de plusieurs conditions. Tout d'abord, ces agents ne sont habilités à verbaliser par procès-verbaux qu'après avoir accompli une prestation de serment devant le juge du tribunal de police de leur résidence (L. 130-7 C. route). Ensuite, ces agents n'exercent leur pouvoirs que dans un cadre territorial déterminé. Les gardes champêtres et les agents communaux ne sont compétents que sur le territoire municipal (art. L. 2212-5 CGCT). Les agents des services publics urbains de transport en commun de voyageurs exercent à l'intérieur de l'agglomération desservie par leur société et, encore, sous réserve que l'infraction affecte la circulation, l'arrêt ou le stationnement sur un emplacement réservé ou sur une voie empruntée par un véhicule de transport en commun (circ. 10 févr. 1998 relative à la déconcentration des décisions administratives individuelles). Les officiers de port et les officiers de port adjoints quant à eux ne peuvent constater les contraventions à l'arrêt et au stationnement des véhicules qu'au sein des enceintes portuaires (art. R. 130-4 al. 2 C. route).

Les personnels assermentés de l'office national des forêts disposent de leur côté d'une compétence afin de constater par procès-verbaux toutes les contraventions aux règles de l'arrêt et du stationnement des véhicules. Leur pouvoir reste limité aux seules infractions commises sur les chemins forestiers ouverts à la circulation publique (art. L. 130-4 et R. 130-1 C. route).

Les gardes particuliers assermentés, les ingénieurs des ponts et chaussées, les ingénieurs des travaux publics de l'Etat, les techniciens, conducteurs et agents des travaux publics de l'Etat sont eux aussi compétents pour constater l'ensemble des contraventions concernant l'arrêt et le stationnement des véhicules. Là encore, leurs pouvoirs sont cantonnés aux infractions à la police de la conservation du domaine public routier ou à celles commises au droit ou aux abords de chantiers situés sur la voie publique et lorsqu'elles ont ou peuvent avoir pour conséquence de porter atteinte à l'exploitation normales des dits chantiers ou à la sauvegarde du personnel employé sur ceux-ci (art. R. 130-5 C. route). Il n'en demeure pas moins, indépendamment de la qualité de la personne autorisée à verbaliser, que le procès-verbal doit revêtir certaines mentions obligatoires, à peine de nullité.

Section 2. Le contenu obligatoire des PV

D'après l'article 429 du Code de procédure pénale, "tout procès-verbal n'a de valeur probante que s'il est régulier en la forme, si son auteur a agi dans l'exercice de ses fonctions et a rapporté sur une matière de sa compétence ce qu'il a vu, entendu ou constaté personnellement". La réunion de ces conditions confère une valeur probante au procès-verbal (§ 1). Toutefois, leur présence n'est pas exclusive de possibilité de contestation du procès-verbal (§ 2).

§ 1. Les conditions de la valeur probante des PV

La constatation des infractions aux règles de l'arrêt et du stationnement des véhicules se concrétise par la rédaction d'un document appelé couramment PV. Comme le déclenchement des poursuites repose sur ce document, il est indispensable qu'il respecte de strictes conditions de forme.

En réalité, plusieurs documents doivent être distingués. L'agent verbalisateur dresse un procès-verbal de contravention qu'il remet à l'automobiliste, en sa présence, ou qu'il dépose sur le pare-brise du véhicule. Ce document se compose de trois feuillets. Le premier, de couleur blanche, constitue la carte de paiement. Il comprend notamment diverses informations concernant le service verbalisateur, la date et le montant de l'infraction, le numéro d'immatriculation du véhicule, un emplacement où doit être apposé le timbre amende. Le deuxième feuillet, blanc lui aussi, constitue l'avis de contravention et comporte au recto toute une série de mentions sur le service verbalisateur, la nature, le lieu, la date de la contravention, le type de véhicule et son numéro d'immatriculation. Le troisième feuillet, de couleur verte, correspond au procès-verbal de contravention *stricto sensu*. Ce feuillet n'est pas remis au contrevenant, contrairement aux autres. Il est conservé par l'agent et sera utilisé pour les poursuites (c'est sur ce feuillet que l'intéressé peut reconnaître ou non l'infraction).

Le premier feuillet (carte de paiement) est essentiellement constitué d'informations pré-imprimées à caractère pratique concernant le paiement ou les modalités de contestation de la contravention. Il n'est donc pas véritablement touché par les exigences du Code de procédure pénale. Tel n'est pas le cas des deux autres feuillets même si, sur la question des éléments de forme contenus dans le PV, la jurisprudence apparaît parfois contradictoire. Il a été remarqué, à juste titre, que la chambre criminelle gère "au coup par coup" le contentieux (*P. Couvrat et M. Massé, obs. sous ▪ Cass. crim. 27 oct. 1993, D. 1994, somm., p. 260)*.

Premièrement, il convient, à l'évidence, que l'agent verbalisateur soit habilité à constater les infractions en matière de circulation routière et qu'il ait agi dans le cadre de sa compétence territoriale. La chambre criminelle ne valide que les procès-verbaux dressés dans la circonscription des agents verbalisateurs (*par ex. ▪ Cass. crim. 10 janv. 1995, Dr. pénal 1995, p. 24, chron. V. Lesclous et C. Marsat)*.

Deuxièmement, concernant la base textuelle des poursuites et la nature des faits incriminés, la Cour de cassation, dans sa dernière jurisprudence, estime que la référence aux textes utilisés pour fonder les poursuites est une condition nécessaire mais suffisante. Peu importe selon la haute cour "que le document déposé sur le pare-brise, dénommé avis de contravention, ne mentionne aucune qualification pénale des faits reprochés. Il suffit qu'il indique les textes mis en œuvre. La qualification peut-être par la suite portée sur le procès-verbal [...] par l'apposition d'un tampon encreur" (▪ *Cass. crim. 27 oct. 1993, préc.)*. Auparavant, elle avait jugé de façon plus souple qu'il importait peu "que le texte prévoyant ou réprimant la contravention ne soit pas indiqué dans le procès-verbal du moment que, par un procédé quelconque, les termes caractérisant l'infraction relevée sont écrits dans celui-ci (▪ *Cass. crim. 24 juin 1992, Jurispr. Auto 1993, p. 72)*.

Lorsque les poursuites reposent sur un arrêté municipal, la question a pu se poser de savoir si le PV devait aussi reproduire sa référence (par exemple indication de l'arrêté qui créé une zone de stationnement payant ou une zone bleue). Au nom du droit à préparer sa défense, une réponse positive doit prévaloir. C'est d'ailleurs ce qu'a jugé la chambre criminelle. D'une façon générale, le procès-verbal, la citation devant le tribunal et le jugement doivent préciser à quel arrêté légalement pris il a été contrevenu (▪ *Cass. crim. 13 mars 1984, Jurispr. Auto 1984, p. 238* ▪ *Cass. crim., 3 juin 1993, Jurispr. Auto 1993, p. 508).* Cette solution a aussi été reprise par des juridictions du fond (par ex. ▪ *T. pol. Paris, 29 sept. 1994, Gaz. Pal. 1994.2.779, obs. J.P. Doucet).* Toutefois d'autres décisions ont pu juger du contraire et décider que "la mention de l'arrêté municipal reste superfétatoire au regard de la matérialité de l'infraction poursuivie, la zone de stationnement étant par ailleurs régulièrement signalée" (▪ *Cass. crim. 16 déc. 1992, Jurispr. Auto 1993, p. 223 ; Adde* ▪ *Cass. crim. 8 août 1994, Jurispr. Auto 1994, p. 551).* Nonobstant cette jurisprudence contradictoire, la première solution doit prévaloir à notre sens au nom du droit à être informé de la nature et de la cause de l'accusation portée contre l'automobiliste. Ce droit est un élément capital de l'exercice du droit à la défense. Il est protégé comme tel par la Cour européenne des droits de l'homme sur le terrain de l'article 6 de la Convention européenne des droits de l'homme *(par ex.* ▪ *Cour EDH, 19 déc. 1989, Kamasinski c/ Autriche, série A, n° 168, § 79).*

Troisièmement, le PV doit être daté et signé par l'agent verbalisateur. A défaut, il encourt la nullité *(par ex.* ▪ *CA Montpellier, 17 juin 1985, Gaz. Pal. 1986.1.45).*

Quatrièmement, le PV doit permettre d'identifier la personne l'ayant rédigé. L'indication du nom de l'agent verbalisateur n'est même pas exigée par la jurisprudence en matière de contravention à l'arrêt et au stationnement des véhicules, dès lors que son numéro de matricule est présent (▪ *Cass. crim.18 juin 1986, Jurispr. Auto 1986, p. 400* ▪ *Cass. crim. ; 25 mars 1987, Jurispr. Auto 1987, p. 326* ▪ *Cass. crim. 27 oct. 1999, Jurispr. Auto 2000, p. 75*). Il faut déduire de cette jurisprudence constante que la signature de l'automobiliste poursuivi n'est pas nécessaire.

L'essentiel est bien que le PV permette d'identifier son rédacteur. Les juges du fond ne peuvent pas réfuter la valeur probante d'un PV qui ne précise pas le nom de l'agent verbalisateur mais seulement son numéro de service et la désignation de son service par une mention, sans avoir acquis, la preuve que le rédacteur n'avait pas agi dans un cadre légal (▪ *Cass. crim.18 juin 1986, préc.* ▪ *Cass. crim. ; 25 mars 1987, préc.* ▪ *Cass. crim. 9 févr. 1994, Jurispr. Auto 1994, p. 172).* En cas de contestation par contre, les juges sont tenus de vérifier l'existence des indications permettant d'identifier cet agent. Ils ne sauraient se contenter d'affirmer que "les faits reprochés établis par les procès-verbaux des contraventions ne sont pas contestés dans leur matérialité" (▪ *Cass. crim. 6 janv. 1993, Jurispr. Auto 1993, p. 404).* Mais quand bien même, le PV serait revêtu des mentions ne laissant pas subsister de doute sur l'identité de l'agent verbalisateur, l'intéressé peut toujours renverser la force probante du PV.

§ 2. La contestation de la valeur probante des PV

Sous réserve de respecter les conditions posées par l'article 429 du Code de procédure pénale, un procès-verbal fait foi jusqu'à preuve contraire. Il convient donc que le PV soit régulier en la forme, que son auteur ait agi dans l'exercice de ses fonctions et qu'il ait rapporté sur une matière de sa compétence. L'article 429 impose de surcroît que l'agent relate ce qu'il a "vu, entendu ou constaté personnellement". S'il se limite à rapporter des faits, le PV n'a alors valeur que de simple renseignement (▪ *Cass. crim. 5 nov. 1996, Jurispr. Auto 1997, p. 21*). Il ne peut être ajouté foi à ce qu'il indique à la suite de déductions personnelles *(▪ CA Paris 23 mars 1961, D. 1961, p. 519).* Le juge est amené à fonder son intime conviction aussi bien au regard des indications de l'agent que de la personne poursuivie.

Ce n'est donc que lorsque le procès-verbal remplit toutes les conditions exigées, qu'il fait foi jusqu'à preuve contraire. Même dans ce cas, l'automobiliste peut contester la véracité des éléments qui lui sont reprochés. Il lui appartient de détruire la force probante du procès-verbal. S'il parvient à rapporter la preuve contraire dans les conditions prévues par la loi, le juge pourra prononcer sa relaxe (▪ *Cass. crim. 4 janv. 1956, D. somm. p. 136* ▪ *Cass. crim. 25 avr. 1977, Jurispr. Auto 1978, p. 13* ▪ *Cass. crim. 29 nov. 2000, Jurispr. Auto 2001, p. 65).*

L'article 537 du Code de procédure pénale indique que la preuve contraire contre un procès-verbal qui fait foi ne peut être rapportée que par témoins ou par écrit. Il s'agit donc là de conditions strictes. La juridiction de jugement doit obligatoirement constater que la preuve contraire à été rapportée par l'une ou l'autre de ces modes de preuve *(▪ Cass. 25 avr. 1977, Jurispr. Auto 1978, p. 13).* Les dénégations de l'automobiliste ne pourront donc en aucun cas suffire *(▪ Cass. crim. 16 juill. 1996, Jurispr. Auto 1996, p. 555).* La production d'une attestation écrite ne permet pas non plus de renverser la force probante du PV car elle n'est pas assimilée par la jurisprudence à une preuve par écrit ou par témoins (▪ *Cass. crim. 7 févr. 2001, Jurispr. Auto 2001, p. 176).* En matière de stationnement, la chambre criminelle adopte une position stricte, fondée sur une interprétation littérale de l'article 537 C. pr. pén., en obligeant l'intéressé à recourir au témoignage d'au moins deux témoins (▪ *Cass. crim. 10 janv. 2001, Jurispr. Auto 2001, p. 387).* Elle estime encore, d'une façon générale, que le fait de rapporter la preuve contraire uniquement par écrit ou par témoins, n'est pas incompatible avec les dispositions de l'article 6 de la Convention européenne des droits de l'homme et du principe de "l'égalité des armes" qui en découle, dès lors qu'il impose à chacune des parties au procès pénal les mêmes modes de preuve (▪ *Cass. crim. 10 juill. 1996, Bull. crim. n° 289 ; Procédures 1997, comm. n° 19, obs. J. Buisson* ▪ *Cass. crim. 12 nov. 1997, Bull. crim. n° 380).*

C'est en se référant à l'article 537 du Code de procédure pénale que la jurisprudence impose aux automobilistes d'apporter la preuve du fonctionnement défectueux des horodateurs *(▪ Cass. crim. 2000, Bull. crim. n° 57 ; D. 2000, IR., p. 112).* Elle estime que les PV constatant des infractions à la réglementation sur le stationnement payant des véhicules sur la base d'indications fournies par ce type d'appareil font "foi" jusqu'à preuve du contraire (▪ *Cass. crim. 23 mai 1984, Bull. crim. n° 189 ; D. 1984, IR., p. 431* ▪ *Cass. crim. 25 mars 1992, Bull. crim. n° 127).* C'est pourtant oublier que les horodateurs ne sont soumis à aucune vérification périodique obligatoire. Leurs indications ne présentent donc pas l'assurance d'une exactitude que donnent les autres appareils de mesure soumis à de tels contrôles. Il faut dire que la mise en œuvre de la répression du stationnement s'accorde avec d'autres dérogations aux principes du droit pénal.

Section 3. Les règles d'identification du conducteur

Lorsque le conducteur d'un véhicule n'est pas présent sur les lieux de l'infraction, l'agent verbalisateur est très difficilement en mesure de vérifier son identité. Pour des raisons pragmatiques, afin d'éviter la paralysie des poursuites, le législateur a imaginé, en matière de contraventions aux règles de l'arrêt et du stationnement des véhicules, que le titulaire du certificat d'immatriculation soit déclaré responsable (§ 1). Cette mise en jeu de la responsabilité n'est fort heureusement pas systématique et peut être dénoncée (§ 2).

§ 1. La responsabilité du titulaire de la carte grise

L'article L. 121-1 du Code de la route pose en principe la responsabilité personnelle du conducteur dans la conduite d'un véhicule. Il signifie que les poursuites ne peuvent être engagées en droit de la circulation routière que contre le conducteur d'un véhicule, à l'exclusion de toute autre personne. A vrai dire, cet article n'a rien de surprenant. Il reprend le principe général de la responsabilité personnelle de l'auteur d'une infraction posée par le Code pénal. L'article L. 121-1 C. pén. dispose que "nul n'est punissable qu'à raison de son propre fait".

L'affirmation du principe de responsabilité personnelle du conducteur d'un véhicule souffre toutefois d'une dérogation notable en matière de stationnement. Depuis une loi du 3 janvier 1972, le titulaire du certificat d'immatriculation d'un véhicule automobile est responsable sans qu'il y ait lieu de s'attacher à démontrer qu'il a lui-même contrevenu aux règles du stationnement (art. L. 121-2 C. route). Le propriétaire d'un véhicule est donc présumé auteur de l'infraction sans qu'il y ait lieu d'identifier l'auteur véritable de l'infraction.

Si le principe de responsabilité personnelle du conducteur était appliqué en matière de stationnement, bon nombre d'infractions resteraient impunies, faute d'identification du conducteur. Le propriétaire pourrait toujours prétendre qu'il ne conduisait pas le véhicule au moment des faits. Comme la charge de la preuve de la culpabilité d'un prévenu incombe à la partie poursuivante et que le respect de ce principe impose de n'imputer l'infraction qu'au seul conducteur du véhicule, la convocation du propriétaire du véhicule par les forces de l'ordre, n'aurait même pas pour effet de l'obliger à dénoncer l'auteur véritable de l'infraction, dans l'hypothèse où il le connaîtrait. Il ne lui appartiendrait en aucune façon de démontrer qu'il n'était pas le conducteur du véhicule, faute d'existence d'une présomption légale de culpabilité mise par la loi à sa charge (*V. par ex. en matière d'excès de vitesse avant que n'intervienne la loi du 18 juin 1999 instaurant une telle présomption de responsabilité ▪ Cass. crim. 12 févr. 1997 : Dr. pénal 1998, comm. n° 146, obs. J.H. Robert*). C'est donc avant tout dans un souci d'efficacité que le législateur a choisi de rendre le propriétaire d'un véhicule automobile présumé responsable des infractions aux règles du stationnement, quitte à prendre ses distances avec un principe directeur du droit pénal.

En vertu de l'article L. 121-2 C. route, le titulaire du certificat d'immatriculation du véhicule est "responsable pécuniairement des infractions à la réglementation sur le stationnement". Concrètement, cet article met le paiement de l'amende à la charge du propriétaire du véhicule, si le conducteur n'est pas identifié. La présomption est étendue aux cas de location de véhicules et aux véhicules appartenant à une personne morale. Pour les véhicules loués à des tiers, la responsabilité pèse sur le locataire. Pour les véhicules dont le certificat d'immatriculation est établi au nom d'une personne morale, la responsabilité pécuniaire incombe au représentant légal de cette personne morale. Sur le fondement de cet article les cogérants d'une société peuvent à bon droit être condamnés solidairement à payer des peines d'amende prononcées à la suite de stationnements irréguliers de véhicules dont la société est propriétaire (▪ *Cass. crim. 11 juin 1992, D. 1992, IR., p. 250)*.

Cet article cantonne toutefois le domaine d'application de cette responsabilité pécuniaire aux seules infractions aux règles du stationnement pour lesquelles une peine d'amende est encourue. En d'autres termes, lorsqu'une contravention en matière de stationnement est sanctionnée par d'autres peines qu'une simple amende, la présomption ne joue plus. Dès lors, elle ne concerne que les stationnements irréguliers (ex. stationnement gênant ou abusif) mais assurément pas les stationnements dangereux qui eux donnent lieu à un retrait de points. En tout état de cause, l'existence de cette présomption de responsabilité n'interdit pas que plusieurs noms figurent sur le certificat d'immatriculation d'un véhicule. Un préfet ne peut donc refuser de délivrer à des époux ou à deux personnes une carte grise portant leurs deux noms (▪ *Cons. d'Et. 14 déc. 1988, D. 1989, concl. M. Fornacciari, AJDA 1989, p. 341, obs. X. Prétot* ▪ *Cons. d'Et. 31 oct. 1990, concl. M. Fornacciari*). Parce qu'il ne s'agit que d'une présomption, le propriétaire du véhicule peut quand même, sous certaines conditions, échapper au paiement de l'amende.

§ 2. Les limites à la responsabilité du titulaire de la carte grise

Tout en admettant que le propriétaire d'un véhicule soit responsable pécuniairement des contraventions à la réglementation sur le stationnement des véhicules pour lesquelles seule une peine d'amende est encourue, l'article L. 121-2 C. route permet néanmoins au propriétaire du dit véhicule de se libérer de la charge de l'amende dans deux hypothèses précises.

Le titulaire de la carte grise peut tout d'abord renverser la présomption de responsabilité qui pèse sur lui en invoquant "l'existence d'un événement de force majeure". Une panne ou un vol régulièrement déclaré par un dépôt de plainte, par exemple, constituent sans conteste un "événement de force majeure".

Le titulaire de la carte grise peut ensuite renverser la présomption de responsabilité en fournissant "des renseignements permettant d'identifier l'auteur véritable de l'infraction". La jurisprudence a considéré sans surprise, à de fréquentes reprises, que le fait de livrer des éléments permettant d'identifier le véritable auteur de l'infraction faisait échec à la présomption de responsabilité du titulaire de la carte grise *(V. par ex. ▪ Cass. crim. 17 déc. 1990 ; Dr. pénal 1991, comm. n° 145, obs. J.H. Robert ▪ Cass. crim. 6 nov. 1991; D. 1992, somm. 204, obs. P. Couvrat et M. Massé ▪ Cass. crim. 9 avr. 1992 ; Bull. crim. n° 155 ▪ Cass. crim. 11 juin 1992 ; Bull. crim. n° 231 ▪ Cass. crim. 25 avr. 1995 ; Jurispr. Auto 1995.289 ▪ Cass. crim. 27 oct. 1999 ; Jurispr. Auto 2000.74 ▪ Cass. crim. 1er févr. 2000 ; Bull. crim. n° 51 ; Jurispr. Auto 2000.124).* Une telle issue prévaut qu'il s'agisse d'un particulier, d'un loueur de véhicule ou d'une personne morale. Ainsi, le fait pour une société de location titulaire de carte grise de véhicules, de donner les identités des sociétés utilisatrices des véhicules, la dédouane de sa responsabilité (▪ *Cass. crim. 20 mars 2002, Jurispr. Auto 2002, p. 225).* Toutefois, l'on ne saurait trop conseiller au titulaire de la carte grise de manifester sa bonne foi en transmettant les renseignements propres à indiquer qu'il n'était pas le conducteur du véhicule, dès sa première réclamation, s'il désire échapper à coup sûr aux poursuites. En effet, la jurisprudence considère comme tardive et irrecevable toute révélation faite devant le tribunal, *a fortiori* devant la Cour d'appel (▪ *Cass. crim. 23 oct. 1991 ; D. 1992, somm. 204, obs. P. Couvrat et M. Massé ▪ Cass. crim. 27 janv. 1993 ; D. 1994, somm. 261, obs. P. Couvrat et M. Massé ▪ Cass. crim. 29 mars 2000 ; Jurispr. Auto 2000.392).*

La présomption de responsabilité du titulaire de la carte grise laisse ouvertes plusieurs possibilités d'apporter la preuve de sa non-culpabilité. Pour cette unique raison, une telle présomption a pu être déclarée conforme à l'article 6 § 2 de la Convention européenne des droits de l'homme qui affirme le droit à la présomption d'innocence. La Cour européenne des droits de l'homme légitime les présomptions de fait ou de droit, lorsque ces présomptions sont insérées dans des limites raisonnables, qu'elles prennent en compte la gravité de l'enjeu et préservent les droits de la défense *(▪ Cour EDH, 7 oct. 1988, Salabiaku c/ France, série A, n° 141-A).* La chambre criminelle de la Cour de cassation a considéré que l'article L. 121-2 du Code de la route respecte ces exigences européennes, justement parce que le propriétaire du véhicule pouvait faire échec à la présomption de responsabilité qui pèse sur lui en livrant des renseignements permettant d'identifier l'auteur véritable de l'infraction (*V. en dernier lieu ▪ Cass. crim. 27 oct. 1999 :*

Jurispr. Auto 2000, p. 74 ▪ Cass. crim. 1er févr. 2000 : Bull. crim. n° 51 ; Jurispr. Auto 2000, p. 124).

Section 4. La signalisation du stationnement

La signalisation routière est, de façon générale, extrêmement importante car elle permet aux automobilistes de connaître sur le champ les prescriptions qui s'imposent à eux. La signalisation apparaît logiquement nécessaire pour l'arrêt et le stationnement des véhicules au regard des pouvoirs étendus du maire en ce domaine et aux diversités de situations rencontrées selon les villes (§ 1). Une distinction doit être néanmoins établie, en fonction de la nature ou de l'origine des règles de stationnement applicables. Toutes, en effet, ne nécessitent pas de mesures de signalisation spécifique (§ 2).

§ 1. La signalisation du stationnement obligatoire

Les mesures complémentaires aux dispositions du Code de la route prises par les autorités investies du pouvoir de police (arrêté ministériel, préfectoral ou municipal) doivent faire l'objet d'une signalisation. A défaut, elles ne sont pas opposables aux automobilistes. La signalisation suppose toutefois, pour que l'infraction soit véritablement caractérisée, que l'interdiction qu'elle annonce repose sur une décision régulière. En ce sens, l'arrêté organisant le stationnement doit avoir été, au préalable, régulièrement publié (▪ *Cass. crim. 24 oct. 1963 : Gaz. Pal. 1963, 2, 371 ; D. 1964, p. 8)* et le jugement qui s'abstient de rechercher si un arrêté avait été publié encourt la cassation (▪ *Cass. crim. 24 oct. 1963 : Gaz. Pal. 1963, 2, 37 ; D. 1964, p. 8).*

L'article R. 411-25 C. route impose que les arrêtés fixant les conditions dans lesquelles est établie la signalisation routière soient publiés au journal officiel de la République française pour porter à la connaissance des usagers la réglementation édictée au niveau national. Il est suffisant que les instructions techniques qui en découlent paraissent au Bulletin officiel du ministère des transports (▪ *Cass. crim. 25 sept. 1991 : Jurispr. Auto 1991, p. 425* ▪ *Cass. crim. 11 juin 1992 : Bull. crim. n° 231 ; Rev. sc. crim. 1993, p. 97, obs.*

J.P. Delmas Saint-Hilaire ▪ *Cass. crim. 19 janv. 1994 : D. 1994, somm. p. 264, obs. P. Couvrat et M. Massé).* Les arrêtés du maire doivent, pour leur part, recevoir une publication dans le bulletin municipal (*par ex.* ▪ *Cass. crim. 1er févr. 2000 : Bull. crim. n° 51 ; Jurispr. Auto 2000, p. 124).* Au regard, notamment de ces exigences de publication, des instructions purement verbales données à un agent de police ne constituent pas une décision régulière au sens de l'article R. 411-25 C. route (▪ *Cass. crim. 14 nov. 1962 : JCP 1962.II.12963).*

En l'absence de signalisation, l'infraction n'est pas réalisée et l'usager ne peut être poursuivi en conséquence. La jurisprudence permet d'illustrer au travers de multiples décisions cette issue favorable pour l'automobiliste. Ainsi a t-il été jugé, par exemple, que la réglementation était inopposable au prévenu en cas d'absence de signalisation de l'arrêté municipal limitant à 24 heures le stationnement en agglomération, alors qu'un stationnement n'est considéré comme abusif par le Code de la route qu'au-delà d'un stationnement ininterrompu en un même point pendant une durée de plus de sept jours (▪ *T. pol. Bordeaux, 15 janv. 1985 : Gaz. Pal. 1986, 2, p. 664).* Une solution identique s'applique au défaut de signalisation d'un stationnement unilatéral (▪ *TI Aix-en-Provence, 11 avr. 1989 : JCP 1990.II.21463, note P. Chambon).* Toutefois, en règle générale, il appartient à l'automobiliste de soumettre au juge tout élément de preuve de nature à démontrer l'absence de signalisation réglementaire. En effet, comme les procès-verbaux font foi jusqu'à preuve du contraire, le juge est tenu de considérer que toutes les conditions matérielles de l'infraction constatée sont réunies. "Il convient donc, avant toute discussion, que le prévenu rapporte la preuve de l'absence de signalisation réglementaire" (▪ *Cass. crim. 11 juin 1992 : Bull. crim. n° 231 ; Rev. sc. crim. 1993, p. 97, obs. J.P. Delmas Saint-Hilaire).*

Les panneaux d'interdiction de stationner apposés par des particuliers devant leur domicile, par contre, ne sont pas source d'obligations pour les usagers. Il sont toutefois tolérés lorsqu'ils viennent rappeler une interdiction prévue par le Code de la route (par ex. interdiction de stationner devant l'entrée carrossable d'un immeuble).

La présence d'une signalisation n'est pas toujours en soi suffisante pour justifier une condamnation. Il convient encore qu'elle soit réglementaire, non équivoque et visible. En cas de signalisation non réglementaire, les poursuites ne peuvent prospérer. Des panneaux bleus portant l'inscription horodateurs, par exemple, doivent être conformes aux exigences réglementaires. Un autre type ou modèle que celui prévu par les instructions ministérielles est interdit (▪ *T. pol. Libourne, 17 avr. 1989 : Gaz. Pal. 1990, 1, somm. p.162)*. La question de la visibilité ou du caractère équivoque de la signalisation est une question de fait qui est laissée à l'appréciation souveraine du juge du fond. Bien évidemment, ce pouvoir d'appréciation n'a plus lieu d'être lorsque la signalisation est facultative.

§ 2. La signalisation du stationnement facultative

Les règles du Code de la route générales et permanentes relatives au stationnement des véhicules ne sont pas sujettes à une signalisation systématique. Conformément aux dispositions de l'article R. 411-25 C. route, les usagers de la route ne peuvent s'affranchir du respect de telles règles qu'elles fassent ou non l'objet d'une signalisation. Cette dernière, quand elle est présente, n'a que pour finalité de rappeler les règles existantes qui résultent de la réglementation générale du Code de la route. Dès lors, certains stationnements sont considérés comme gênants et l'infraction est constituée, même en l'absence de panneau sur place (▪ *Cass. crim. 19 juin 1968 : D. 1968, p. 593)* ou en l'absence de matérialisation au sol (▪ *CA Paris, 24 oct. 1990 : Juris-Data n° 025210 à propos d'un stationnement devant une entrée carrossable d'un immeuble et* ▪ *CA Paris, 17 mai 1990 : Juris-Data n° 24417 pour un stationnement sur un arrêt d'autobus)*.

En matière de stationnement payant, bien qu'un arrêté municipal soit nécessaire, la signalisation par panneau n'est pas obligatoire. Elle n'est que facultative - sous réserve que l'arrêté instituant la zone de stationnement soit publié au bulletin municipal - en conformité avec la Convention de Vienne sur la signalisation routière du 8 nov. 1968, depuis la publication de l'arrêté interministériel du 1er décembre 1986. Le requérant qui invoque l'absence de panneau n'a donc aucune chance de voir cet argument aboutir (par ex. ▪ *Cass. crim. 11 juin 1992 : Jurispr. Auto*

1993, p. 68 ▪ Cass. crim. 1er févr. 2000, Jurispr. Auto 2000, p. 124). La répression peut alors légalement s'enclencher.

4

La répression des infractions au stationnement

La répression des infractions au stationnement des véhicules fait l'objet d'une réponse pénale particulière. Eu égard au nombre monumental de contraventions pour infractions au stationnement (environ 10 millions par an ces dernières années), les tribunaux imploseraient s'ils avaient à connaître de l'ensemble de ce contentieux. C'est pourquoi un traitement simplifié à été imaginé. Il s'agit d'une procédure qualifiée d'amende forfaitaire dont la vocation est propre à s'appliquer aux contraventions au stationnement des véhicules (section 1). Cette procédure n'est toutefois pas exclusive d'une condamnation prononcée par le juge de proximité et le non-paiement de l'amende entraîne alors la mise en œuvre d'une procédure de recouvrement (section 2). De façon indépendante, la répression des infractions au stationnement passe aussi, parfois, par la mise en fourrière du véhicule (section 2).

Section 1. La procédure d'amende forfaitaire

La procédure d'amende forfaitaire a une origine fort ancienne. Elle remonte à un décret loi du 28 décembre 1926. Sa finalité originelle - permettre un règlement simple et rapide des contraventions - n'a jamais été démentie. Les retouches successives apportées à ce système original de recouvrement des contraventions ont eu pour effet d'accentuer plus encore les possibilités de parvenir à un paiement immédiat. Pour parvenir à ce résultat, le déroulement de la procédure d'amende forfaitaire repose principalement sur un traitement administratif des contraventions (§ 1). Cette procédure ménage fort heureusement les droits de l'automobiliste et laisse la place à des possibilités de contestation qui amènent une intervention judiciaire, sans laquelle le recouvrement de l'amende devient illégal (§ 2).

§ 1. Le déroulement de la procédure d'amende forfaitaire

La présence d'un avis de contravention sur le pare-brise du véhicule ou, plus rarement, sa réception par courrier est le premier signe annonciateur de la mise en mouvement de la procédure d'amende forfaitaire.

L'avis de contravention laisse le choix entre plusieurs solutions limitatives. Dans le délai de trente jours, l'intéressé peut soit s'acquitter du paiement de l'amende forfaitaire, soit ne pas donner signe de vie, soit émettre une contestation.

Dans la première hypothèse, si l'automobiliste décide de s'acquitter du paiement de l'amende forfaitaire, les poursuites sont automatiquement éteintes et il ne peut plus faire l'objet d'une convocation en justice. Le paiement de l'amende forfaitaire peut s'effectuer immédiatement en espèces ou au moyen d'un chèque et donne lieu à la délivrance immédiate d'une quittance (art. R. 49-2 C. pr. pén.). L'article 529 C. pr. pén. dispose explicitement que l'action publique est éteinte par le paiement d'une amende forfaitaire et que les règles de la récidive ne s'appliquent pas. Le paiement de l'amende forfaitaire semble intéressant car il met un terme immédiat à la procédure et évite toutes les complications et les incertitudes d'un procès en justice. Le fait que le montant de l'amende forfaitaire soit systématiquement moins élevé que l'amende normalement encourue pour chaque classe de contravention est un facteur supplémentaire pour inciter les automobilistes à payer sans même chercher à contester l'infraction. L'extinction de l'action publique par le paiement de l'amende forfaitaire a aussi une contrepartie pour l'automobiliste. Elle signifie qu'il perd irrémédiablement toute possibilité future de contester la contravention. Plus grave encore, le paiement de l'amende forfaitaire entraîne la reconnaissance de l'infraction commise, sans que soit posé l'existence même de sa matérialité. Le paiement de l'amende forfaitaire, nonobstant son intérêt immédiat est donc une démarche qui doit être bien réfléchie. Pour les infractions à l'arrêt ou au stationnement les plus sévèrement sanctionnées, la reconnaissance de l'infraction n'est pas neutre sur la situation juridique de l'automobiliste. Elle entraîne, avec le paiement de l'amende, une perte automatique de points sur le permis de conduire. C'est ainsi qu'en matière d'arrêt ou de stationnement dangereux prévu par l'article R. 417-9 C. route, c'est-à-dire chaque fois qu'un véhicule est placé à l'arrêt ou en stationnement en constituant un danger pour les usagers et notamment lorsque la visibilité est insuffisante, à proximité des intersections de route, des virages, des sommets de côte et des passages à niveau, un retrait de trois points est prévu. De même, un retrait de trois points est également effectué pour un arrêt ou un stationnement d'un véhicule sans éclairage ni signalisation sur la chaussée, la nuit ou lorsque la visibilité est insuffisante, en un lieu dépourvu d'éclairage public (art. R. 416-12 III C. route).

Dans la deuxième hypothèse, si l'automobiliste ne se manifeste pas, soit en payant l'amende forfaitaire, soit en la contestant selon les formes légales, dans le délai de trente jours, celle-ci est alors majorée de plein droit. Le Ministère public émet un titre exécutoire qui permet au Trésor public de recouvrer le montant de l'amende forfaitaire majorée (en règle générale le Ministère public est représenté par un officier du Ministère public qui n'est autre que le commissaire de police du lieu du siège du tribunal). La mise en recouvrement est effectuée au regard du doit commun. L'usager reçoit un avis de paiement du Trésor public en courrier simple, puis un dernier avis avant poursuites, toujours en courrier simple et enfin un commandement de payer par lettre recommandée avec accusé de réception. Si, après ce dernier courrier, l'usager ne s'acquitte pas de l'amende, le recouvrement s'opère alors par voie de saisie.

Dans la troisième hypothèse, l'automobiliste qui désire contester la contravention peut le faire à deux moments distincts. Soit il forme une requête tendant à son exonération auprès du service indiqué sur l'avis de contravention dans les trente jours qui suivent la constatation de l'infraction, ou si l'avis lui est adressé ultérieurement, dans les trente jours qui suivent cet envoi, soit il effectue une réclamation motivée au-delà du délai de trente jours. Une protestation est en effet toujours possible trente jours après réception de l'avis invitant l'automobiliste à payer l'amende forfaitaire majorée. Elle est même envisageable à tous les stades de la procédure, tant que la peine n'est pas prescrite (un an), à moins qu'il soit prouvé que l'automobiliste a eu connaissance de cette amende forfaitaire majorée (par ex. par l'envoi de l'avis correspondant à l'amende en question ou par un commandement de payer). Dans ce cas, il ne peut former sa réclamation au-delà du délai de trente jours, sous peine de la voir déclarer irrecevable (▪ *Cass. crim. 19 oct. 1999, Jurispr. Auto 2000, p. 14 à propos d'une réclamation effectuée 44 jours après réception de l'avis).* Toutefois, en cas de contestation sur l'appréciation du délai, seul le tribunal de proximité est compétent. L'article 530-2 du code de procédure pénale dispose en effet que les incidents contentieux relatifs à l'exécution du titre exécutoire et à la rectification des erreurs matérielles qu'il peut comporter sont déférés devant le juge (*V. pour un automobiliste qui contestait le fait que les services du procureur de la République avaient déclaré sa requête irrecevable car formée hors délai ▪ Cass. crim. 29 mai 2002, Jurispr. Auto 2002, p. 600).*

Outre cette condition de délai, l'automobiliste qui conteste la contravention dont il est l'objet doit respecter deux conditions posées par les articles 530 et 530-1 C. pr. pén. La réclamation doit toujours être accompagnée de l'avis correspondant à l'amende contestée (avis d'amende forfaitaire ou avis d'amende forfaitaire majorée). A défaut, l'automobiliste s'expose à ce que l'officier du ministère public déclare sa requête irrecevable *(▪ Cass. crim. 18 janv. 2000, Bull. crim. n° 26).* La réclamation doit encore être motivée, c'est-à-dire qu'elle doit contenir un motif de contestation, même succinct.

Afin de ménager une preuve de la contestation et éviter de se voir opposer le non respect des délais, il est vivement conseillé d'envoyer la réclamation en lettre recommandée avec accusé de réception à l'officier du Ministère public dont l'adresse figure sur l'avis d'amende forfaitaire (ou l'avis d'amende forfaitaire majorée) envoyé par le trésor. En effet, si ces conditions sont respectées, la réclamation produit certaines conséquences inéluctables.

§ 2. La contestation de l'amende forfaitaire

La contestation d'une amende forfaitaire ou d'une amende forfaitaire majorée n'est pas sans incidence sur les suites de la procédure. Une telle contestation restreint les possibilités du ministère public (A) et produit des conséquences procédurales, y compris devant la juridiction de jugement, appelée, parfois, à statuer sur la culpabilité de l'automobiliste (B).

A. La contestation et les alternatives du ministère public

Sur le plan strictement procédural, la réclamation de l'automobiliste a pour effet principal de limiter les facultés d'intervention du Ministère public sur la suite à donner aux poursuites. D'après les dispositions de l'article 530-1 C. pr. pén., le Ministère public ne peut que renoncer aux poursuites ou renvoyer l'intéressé devant la juridiction de proximité. Aucune autre alternative n'est juridiquement admissible, de même qu'aucune autre personne que le Ministère public ne peut apprécier les suites à donner (*Un comptable public, par exemple, n'a aucun pouvoir en la matière ▪ Cass. 2e civ., 18 oct. 2001, D. 2001, p. 3249).* La possibilité, pour le Ministère public, de classer l'affaire est logique en vertu de son pouvoir général d'opportunité des poursuites. L'obligation qui lui est faite de renvoyer l'automobiliste devant la juridiction de proximité, sans pouvoir repousser lui-même les arguments développés par l'auteur de la réclamation l'est tout autant au nom du principe de la séparation des fonctions de poursuite et de jugement. Aussi, la réclamation de l'automobiliste a pour effet automatique et immédiat d'annuler le titre exécutoire - sur le fondement duquel le Trésor public procède au recouvrement de l'amende - dans l'hypothèse où il aurait déjà été décidé.

Seul, cependant, le titre exécutoire concernant la contravention contestée est annulé. Dans le cas où l'intéressé est poursuivi pour d'autres contraventions, la réclamation ne produit pas d'effets sur celles-ci. Cette limite pragmatique s'explique par le fait que le législateur a voulu éviter qu'un automobiliste soulève la question de la légalité d'une contravention dans le but d'affecter d'autres procédures éventuellement en cours.

Le respect de cette double option, attachée à la réclamation de l'automobiliste, est fondamental du point de vue de la légalité des poursuites. En dehors de ce cadre tracé par l'article 530-1 du C. pr. pén., les poursuites perdent tout fondement légal. Or, il est pourtant de pratique courante, qu'à la suite d'une réclamation, l'officier du Ministère public se fasse juge du bien fondé des arguments développés par le requérant. Le plus souvent l'officier du Ministère public utilise des formules stéréotypées telles que : "après examen de votre requête et compte tenu des circonstances dans lesquelles a été relevée cette infraction, j'ai le regret de vous informer du rejet de votre demande" ou "après étude de l'affaire, je vous informe que votre réclamation n'a pas été retenue" ou bien encore "votre argumentation ne peut-être reçue en l'état actuel de la jurisprudence" (sic). Très rarement, une réponse aux arguments soulevés dans la réclamation est opérée. Quand bien même ce serait le cas, c'est dans la plus parfaite illégalité que le Ministère public s'arroge un pouvoir d'appréciation de la réclamation de l'usager. Il ne lui appartient, faut-il le rappeler, que de classer l'affaire sans suite ou de renvoyer l'intéressé devant la juridiction de proximité afin qu'elle statue sur la réalité de l'infraction mais assurément pas de prononcer l'irrecevabilité de la réclamation (sauf bien évidemment dans l'hypothèse examinée *supra* où la réclamation ne respecte pas les formes légales). Toute appréciation par l'officier du ministère public du bien fondé des motifs invoqués ou même de la validité du délai dans lequel est présentée la réclamation est contraire à l'article 530-1 du Code de procédure pénale (▪ *Cass. crim., 29 mai 2002, JCP 2003.IV.2369, Jurispr. Auto 2002. 600* ▪ *CA Paris, 20e ch., 29 nov. 2002, Gaz. Pal. 12-13 mars 2003, p. 16, obs. F. Samson).*

Ainsi, la procédure de recouvrement de l'amende qui fait généralement suite au rejet de la réclamation par le Ministère public ne repose pas sur un titre exécutoire légal. Elle est d'autant plus facilement contestable qu'elle porte atteinte de façon manifeste au principe selon lequel tout individu est présumé innocent tant qu'une juridiction n'a pas statué sur son sort. La chambre criminelle considère d'ailleurs que seule la saisine du tribunal, en cas de refus d'acquitter l'amende forfaitaire, permet de sauvegarder la présomption d'innocence (▪ *Cass. crim. 25 sept. 1991, Jurispr. Auto*

1991, p. 495). Ici le recouvrement s'effectue sans jugement. Or, une telle pratique vient d'ailleurs sans surprise d'être censurée par la Cour européenne des droits de l'homme. L'absence de contrôle juridictionnel qui en découle vient de valeur à la France une condamnation pour violation du droit d'accès à un tribunal (▪ *CEDH, 21 mai 2002, Peltier c/ France : D. 2002, p. 2968, note J.P. Céré).*

B. La contestation et ses incidences sur la peine

Le délai de prescription de la peine en matière de contravention est de un an, ce qui signifie, qu'au-delà d'une année, sans acte de poursuite, l'amende correspondant à la contravention reprochée, n'est plus exigible.

Dans l'hypothèse où l'usager ne s'acquitte pas de l'amende forfaitaire et ne forme pas de réclamation dans les délais légaux, le Ministère public va rendre un titre exécutoire qui lui seul va autoriser le Trésor public à enclencher la procédure de recouvrement. En effet, bien qu'il indique le montant de l'amende, l'avis de contravention ne constitue pas un titre exécutoire permettant de procéder au recouvrement de l'amende.

Dans l'hypothèse où l'automobiliste effectue une réclamation, celle-ci oblige le Ministère public à annuler le titre exécutoire. Cette annulation, à compter de sa réception, parce qu'elle provoque un acte de procédure, ouvre un nouveau délai de prescription de l'action publique. Il suffit donc qu'un acte de poursuite tel que, par exemple, un mandatement aux fins de citation à un huissier intervienne dans ce délai d'un an pour que le contrevenant soit valablement jugé (▪ *Cass. crim. 13 mars 1991 : Jurispr. Auto 1991.193* ▪ *Cass. crim. 11 juin 1992 : Bull. crim. n° 231* ▪ *Cass. crim. 27 janv. 1993 : Dr. pénal 1993, comm. 161, obs. J.H. Robert* ▪ *Cass. crim. 19 janv. 1994 ; D. 1994, somm. 262, obs. P. Couvrat et M. Massé* ▪ *Cass. crim. 1 févr. 1994 : Bull. crim. n° 51 ; Dr. pénal 2000, comm. 61, obs. J.H. Robert*). En sens inverse, si aucun acte de poursuite n'intervient dans le délai d'un an après la réclamation, la prescription est effective (▪ *Cass. crim. 8 nov. 1993 : Jurispr. Auto 1994.19* ▪ *Cass. crim. 15 juin 1994 : Jurispr. Auto 1994.560).*

Dans l'hypothèse, enfin, où l'automobiliste est convoqué devant le tribunal, celui-ci peut le relaxer ou prononcer une condamnation. Dans ce dernier cas, l'article 530-1 al. 2 C. pr. pén. prévoit que le tribunal ne peut condamner l'automobiliste à une amende d'un montant inférieur à celui de l'amende forfaitaire prévue pour la contravention contestée, ni inférieur au montant de l'amende forfaitaire majorée dans le cas où le contrevenant ne s'est pas acquitté de l'amende initiale dans les délais et les conditions requis. En vertu de ce texte, le juge ne peut condamner le prévenu qui forme un recours à propos d'une amende forfaitaire majorée, à une amende dont le montant est inférieur à celui qui aurait été dû si l'intéressé n'avait pas formé de réclamation (▪ *Cass. crim. 20 oct. 1999 : Bull. crim. n° 229 ; Rev. sc. crim. 2000, p. 388, obs. B. Bouloc ; Jurispr. Auto 2000, p. 13)*. Le fait de limiter le pouvoir d'appréciation du juge dans la fixation du montant de l'amende a soulevé la question de la compatibilité de l'article 530-1 avec la Convention européenne des droits de l'homme. La chambre criminelle de la Cour de cassation a toutefois considéré que cet article respecte les dispositions de l'article 6 de la Convention car le juge conserve le pouvoir de fixer la peine dans les limites de l'amende forfaitaire majorée et du maximum encouru. Ainsi, il peut proportionner le montant de l'amende "à la gravité de l'infraction commise, à la personnalité de son auteur et à ses ressources" (▪ *Cass. crim. 16 juin 1999 : Bull. crim. n° 138 ; Dr. pénal 1999, comm. n° 151, obs. J.H. Robert* ▪ *Cass. crim. 4 avr. 2002, Jurispr. Auto 2002. 331)*. Quel que soit le montant de l'amende prononcée, l'individu condamné doit alors s'acquitter de son paiement.

Section 2. Le recouvrement de l'amende

La mise en œuvre du recouvrement des amendes découlant du non respect des règles relatives à l'arrêt et au stationnement des véhicules passe par des conditions préalables (§ 1) et s'opère en extrême limite par la voie d'une saisie (§ 2).

§ 1. Les conditions de mise en recouvrement

Deux raisons peuvent conduire à une mise en recouvrement de la somme due à la suite de la commission d'une contravention.

Soit l'automobiliste ne s'est pas acquitté dans les délais de l'amende forfaitaire (A), soit une condamnation a été prononcée à son encontre (B).

A. Le non-paiement de l'amende forfaitaire

Le non-paiement de l'amende encourue pour une contravention à la réglementation de l'arrêt et du stationnement des véhicules entraîne la procédure de recouvrement de l'amende, lorsque l'automobiliste n'a pas fait usage de la possibilité de former une requête tendant à son exonération dans les trente jours qui suivent la constatation de l'infraction ou dans les trente jours qui suivent l'avis de contravention, s'il est envoyé. Dans ces deux cas, l'amende est majorée et recouvrée de plein droit au profit du Trésor public (art. 529-2 C. pr. pén.). Toutefois, après cette majoration, l'intéressé bénéficie d'un nouveau délai de trente jours à compter de l'envoi de l'avis l'invitant à payer l'amende forfaitaire majorée pour contester cette dernière. Ce n'est qu'en l'absence de contestation dans les délais et les formes prévues par les articles 529-2 et s. du code de procédure pénale que la mise en recouvrement de l'amende peut s'enclencher (V. *supra*).

Le non-paiement de l'amende peut encore avoir des incidences sur la vente du véhicule, pour lequel une contravention avait été dressée. Lorsque le contrevenant n'habite plus à l'adresse indiquée au fichier national des immatriculations, et qu'une amende forfaitaire majorée a été émise, le comptable du trésor public peut demander au procureur de la république de faire opposition auprès de la préfecture d'immatriculation à tout transfert du certificat d'immatriculation. L'opposition est levée par le paiement de l'amende forfaitaire majorée ou, en cas de réclamation formée contre l'amende forfaitaire majorée, lorsque l'intéressé justifie avoir déclaré sa nouvelle adresse au service d'immatriculation des véhicules. Dans ce dernier cas, l'opposition est levée par décision du procureur de la République (art. L. 322-1 C. route).

Le recouvrement d'une amende pour infraction aux règles de l'arrêt et du stationnement des véhicules ne peut donc pas s'effectuer dès lors qu'une réclamation a été formulée. Il peut, bien évidemment, découler du prononcé d'une condamnation en justice.

B. La condamnation par la juridiction de proximité

La contestation d'une amende forfaitaire oblige le Ministère public soit à abandonner les poursuites, soit à renvoyer l'intéressé devant la juridiction de proximité. Dans ce cas, l'automobiliste est cité devant cette juridiction selon les règles de droit commun. En règle générale, c'est la juridiction de proximité du lieu de commission ou de constatation de la contravention qui est compétente mais l'intéressé peut toujours demander à ce que se soit la juridiction de proximité de son lieu de résidence. La procédure est orale, contradictoire et le ministère d'avocat n'est pas obligatoire.

Une autre procédure juridictionnelle, applicable aux amendes forfaitaires, est également applicable. Il s'agit de la procédure dite d'ordonnance pénale. C'est une procédure simplifiée particulièrement adaptée au règlement des infractions les moins graves. Elle ne présente pas de caractère obligatoire. Le parquet est libre d'y recourir et le tribunal peut refuser cette procédure et demander au parquet de le saisir selon les voies classiques (art. 525 al. 3).

L'ordonnance pénale est une procédure écrite et non contradictoire (ce qui est un gage de simplicité et de rapidité). Le parquet saisit la juridiction de proximité en transmettant ses réquisitions écrites et le tribunal statue sans débat en rendant une ordonnance pénale.

Le procédé est sommaire. L'ordonnance doit juste faire référence à l'état civil du prévenu, à la qualification légale, à la date et au lieu de l'infraction, aux textes applicables (art. 526 C. pr. pén.). En fait, ce n'est qu'avec l'accord des différents protagonistes du procès pénal que la procédure d'ordonnance pénale aura cette issue. Le code de procédure pénale prévoit toute une série de garanties.

Le ministère public, tout d'abord, peut faire opposition. Il a 10 jours pour ce faire. S'il use de cette possibilité, la procédure se déroulera selon le mode ordinaire devant la juridiction de proximité. Il peut même, pour la cour de cassation, renoncer à l'ordonnance pénale alors qu'il l'avait enclenchée, sous réserve d'être toujours dans le délai de dix jours prévu pour former opposition (▪ *Cass. crim. 3 févr. 1998, Bull. crim. n° 41).* Sans opposition ou renoncement du parquet, l'ordonnance est alors notifiée au prévenu par lettre recommandée.

Le prévenu a quant à lui deux possibilités. Il peut s'acquitter de l'amende et des frais fixes de procédure, auquel cas l'action publique se trouvera éteinte. Il peut lui aussi faire opposition, sous 30 jours. Là encore, l'ordonnance est anéantie et l'opposition a pour effet de ramener l'affaire sur la procédure de droit commun. Quoi qu'il en soit, en cas de condamnation et en l'absence de toute paiement, la mise en recouvrement forcé de l'amende est enclenchée.

§ 2. La mise en recouvrement forcé par saisie

Lorsqu'un automobiliste qui n'a jamais contesté dans les conditions prévues par l'article 530 du Code de procédure pénale la contravention dont il faisait l'objet ou qui a été condamné en justice ne s'acquitte pas du paiement, un avis de saisie-vente ou un avis de saisie bancaire lui est adressé.

Les modalités du choix de la saisie sont directement dépendantes du montant total de la créance. En effet, pour toute créance inférieure à 525 €, l'huissier du Trésor public ne peut, à l'instar de tout créancier, procéder à une saisie-vente dans le lieu d'habitation de l'automobiliste que si le recouvrement de l'amende est impossible par voie de saisie d'un compte de dépôt ou des rémunérations du travail. Or, le défaut de communication spontanée des références bancaires du contrevenant n'est pas considéré comme suffisant pour justifier une saisie-vente (Cour de cassation, avis du 8 déc. 1995, *D.* 1997, p. 130). Pourtant, là encore en marge du droit, le recours à une saisie-vente pour des créances inférieures à 525 € est souvent décidé en matière d'infraction à la circulation routière sans autorisation, pourtant indispensable du juge de l'exécution. Seul ce magistrat peut autoriser le recours à une saisie-vente pour les créances inférieures à 525 € car une telle saisie présente un caractère subsidiaire (art. 51 de la loi n° 91-650 du 9 juill. 1991 et art. 82 du décret n° 92-755 du 31 juill. 1992). Dès lors, en cas de menace illégale de saisie de biens meubles, l'annonce d'un recours devant le Juge de l'exécution doit suffire à stopper la procédure en cours.

Indépendamment d'une procédure de recouvrement forcé de l'amende, certaines contraventions à l'arrêt et au stationnement des véhicules sont passibles d'une mesure de mise en fourrière.

Section 3. L'immobilisation et la mise en fourrière

Lorsqu'un véhicule en stationnement créé une gêne ou un danger conséquent pour la circulation, le Code de la route permet son immobilisation et sa mise en fourrière. Ces mesures complémentaires du prononcé de la peine d'amende répondent à des conditions de mise en œuvre précises (§1) et leur exécution est soumise à des règles spécifiques (§2).

§ 1. Les conditions de l'immobilisation et de la mise en fourrière

L'immobilisation et la mise en fourrière privent l'automobiliste du droit d'utiliser son propre véhicule. Il s'agit de mesures qui ne concernent que des contraventions strictement délimitées (A) et qui ne peuvent être prises que par des agents habilités à cet effet (B).

A. Les infractions concernées par l'immobilisation et la mise en fourrière

L'immobilisation est une mesure qui permet de maintenir un véhicule sur place ou à proximité du lieu de l'infraction en se conformant aux règles relatives au stationnement. L'immobilisation est une obligation qui pèse sur le conducteur ou le propriétaire du véhicule quand il est présent, sur injonction des forces de l'ordre. En cas d'absence du conducteur ou lorsque celui-ci refuse de déplacer son véhicule, l'immobilisation peut-être assurée par un moyen mécanique (art. R. 325-2 C. route). L'immobilisation s'effectue alors par un procédé mécanique du type "sabot de Denver".

La mise en fourrière des véhicules est une sanction autonome, spécifiquement applicable aux contraventions de stationnement. Elle consiste en un "transfert d'un véhicule en un lieu désigné par l'autorité administrative ou judiciaire en vue d'y être retenu jusqu'à décision de celle-ci, aux frais du propriétaire" (art. R. 325-12 C. route).

L'immobilisation et la mise en fourrière s'appliquent aux mêmes contraventions en matière de stationnement. Toutefois, comme l'immobilisation doit s'accomplir en respectant les règles du stationnement, son recours autonome est difficilement envisageable (sauf à déplacer le véhicule en infraction à proximité du lieu de stationnement). En réalité, l'immobilisation, en matière d'infractions aux règles du stationnement, constitue généralement un préliminaire à la mise en fourrière (art. R. 325-12 C. route).

L'immobilisation et la mise en fourrière peuvent être prescrites lorsque le conducteur ou le propriétaire d'un véhicule est absent ou refuse, en dépit de l'injonction des agents, de faire cesser un stationnement gênant (art. R. 417-10 C. route), un stationnement dangereux (art. R. 417-9 C. route), un stationnement abusif (art. L. 325-1 ; R. 417-13 C. route), une entrave à la circulation (art. L. 412-1 C. route). Une mise en fourrière est seulement prévue par la loi pour les troubles à la circulation (art. R. 412-51 C. route) et pour les véhicules laissés en stationnement en un même point de la voie publique pendant une durée supérieure à sept jours consécutifs (art. L. 417-1 C. route) ou pendant la durée instituée par l'autorité investie du pouvoir de police (art. R. 417-12 C. route).

Enfin une mise en fourrière peut même concerner un véhicule laissé, sans droit, dans des lieux publics ou privés où le Code de la route ne trouve pas à s'appliquer. Le maître des lieux doit alors demander à un officier de police judiciaire territorialement compétent de faire passer la fourrière (art. L. 325-12 C. route). Dans les copropriétés et s'agissant de l'encombrement des parties communes, c'est le syndic qui a qualité pour agir et faire enlever les véhicules à l'état d'épaves *(• CA Paris, 12 mai 1987, D. 1987, IR., p. 141)*. Les articles L. 325-1 et L. 325-12 du Code de la route, depuis la loi du 15 novembre 2001 sur la sécurité quotidienne, étendent les possibilités de mise en fourrière, en plus des véhicules à l'état d'épaves, aux "véhicules privés d'éléments indispensables à leur utilisation normale et insusceptibles de réparation immédiate à la suite de dégradations ou de vols". Il va de soi qu'une mesure d'immobilisation ou de mise en fourrière s'effectue sous l'autorité d'agents compétents.

B. Les agents habilités à prescrire l'immobilisation et la mise en fourrière

Tant l'immobilisation d'un véhicule que la mise en fourrière ne peuvent être prescrites que par un agent compétent pour ce faire.

En ce qui concerne l'immobilisation d'un véhicule, sont compétents : les officiers de police judiciaire, les officiers de police judiciaire adjoints, les commandants, officiers gradés et sous-brigadiers de la police nationale, les gardiens de la police nationale ayant deux ans de service effectif dans les formations en tenue, les gendarmes, les agents de police municipale et les personnes assermentées de l'office national des forêts, pour les infractions commises sur les chemins forestiers uniquement. Elle peut encore être prescrite, dans le champ de leur compétence, par les inspecteurs des transports, les contrôleurs des transports terrestres, par les agents des douanes et même parfois les inspecteurs du travail (art. R. 325-3 C. route). Dans le cas où l'immobilisation du véhicule résulte de l'exécution d'une décision de justice, l'agent qui en est chargé doit être un officier de police judiciaire ou, sous son autorité, un agent de police judiciaire (art. R. 131-5 du Code pénal).

En ce qui concerne la mise en fourrière, le nombre d'agents habilités pour prescrire une telle mesure est sensiblement réduit puisqu'il ne peut s'agir que d'un officier de police judiciaire territorialement compétent ou l'agent verbalisateur s'il est spécialement mandaté par l'officier de police judiciaire (art. R. 325-14 et R. 325-15 C. route).

§ 2. L'exécution de la mise en fourrière

L'exécution de la mise en fourrière est solidement encadrée par les textes. La procédure de mise en fourrière (A) et sa main levée (B) doivent respecter un formalisme afin d'éviter d'éventuelles irrégularités.

A. La procédure de mise en fourrière

Quelles que soient les circonstances, l'agent compétent pour procéder à une mise en fourrière est strictement tenu de procéder à quelques vérifications et d'accomplir certaines formalités.

En premier lieu, il doit s'assurer que le véhicule n'est pas volé et apposer sur celui-ci, un signe distinctif désignant la fourrière chargée de recevoir le véhicule (art. 325-13 C. route). Surtout, il lui appartient de dresser un état sommaire de l'état global du véhicule, en présence du préposé à l'enlèvement, sans ouvrir le véhicule. En cas de présence du conducteur du véhicule, la formalité est accomplie contradictoirement et un double de la fiche récapitulative de l'état du véhicule lui est remise. Cette fiche doit comporter un minimum d'indications, à savoir : le timbre de l'autorité dont relève la fourrière, le numéro et la date du procès-verbal, la contravention ayant motivé la décision de mise en fourrière, le nom ou le numéro de matricule ainsi que le service de l'auteur du PV, les circonstances de sa rédaction (nuit, pluie, neige), le lieu d'enlèvement du véhicule, le numéro d'immatriculation du véhicule, le verrouillage ou non des portes et du coffre, le genre, la marque, le modèle et la couleur du véhicule, deux dessins du véhicule faisant apparaître l'avant et son profil droit et l'arrière et son profil droit, les symboles des dommages apparents subis par le véhicule (O pour les enfoncements et X pour les bris), l'équipement du véhicule (antenne radio, autoradio, téléphone), les objets laissés dans le véhicule visibles de l'extérieur, les observations diverses de l'agent verbalisateur (Art. 1er, Arr. du 18 oct. 1996). Enfin, l'agent en charge de la prescription de la mise en fourrière doit relater sur le PV d'infraction les raisons de l'enlèvement du véhicule. Il doit encore indiquer l'heure d'appel du véhicule d'enlèvement et indiquer le retrait provisoire du certificat d'immatriculation.

Une fois ces formalités accomplies le véhicule est emmené sur son lieu de garde. Il doit s'agir d'un endroit clôturé (art. R. 325-4 C. route) mais qui peut être un lieu public (art. R. 325 C. route) voire un lieu privé, dès lors que le propriétaire ou le locataire est d'accord pour assurer la garde de la fourrière (art. R. 325-21 C. route).

En deuxième lieu, l'agent qui prescrit la mise en fourrière doit obligatoirement accomplir plusieurs formalités d'information. Il doit ainsi transmettre un double du PV au préfet du département concerné et au procureur de la République (art. R. 325-18 et R. 325-26 C. route). Il est encore tenu de notifier la décision de mise en fourrière au propriétaire du véhicule et de lui transmettre obligatoirement certaines informations : 1° indication de l'autorité qui a prescrit la mise en fourrière, de la fourrière désignée et de l'autorité dont elle relève ; 2° décision de classement (véhicule pouvant être restitué en l'état, véhicule ne pouvant être restitué qu'à la suite de réparations indispensables ou après avoir satisfait à un contrôle technique, véhicule devant être livré à la destruction) et indication de la faculté de faire procéder à une contre-expertise ; 3° autorité qualifiée pour donner mainlevée de la mise en fourrière ; 4° injonction au propriétaire du véhicule, s'il est soumis à immatriculation, de remettre immédiatement, sous peine d'encourir une amende de la quatrième classe de contraventions, le certificat d'immatriculation à l'autorité qualifiée pour donner la mainlevée de la mise en fourrière ; 5° mise en demeure au propriétaire de retirer son véhicule avant l'expiration d'un délai soit de dix jours (lorsqu'un expert aura déclaré que le véhicule est hors d'état de circuler dans des conditions normales de sécurité), soit de quarante-cinq jours dans les autres cas, sachant que le délai commence à courir un jour franc après la date de notification ; 6° avertissement au propriétaire que son absence de réponse dans les délais impartis vaudra abandon de son véhicule et aboutira à sa remise au service des domaines en vue de son aliénation ou de sa destruction ; 7° nature et montant des frais qu'il sera tenu de rembourser ; 8° énoncé des voies de recours. Cette notification est effectuée par lettre recommandée avec demande d'accusé de réception, dans le délai de cinq jours ouvrables suivant la mise en fourrière du véhicule (C. route, art. R. 325-32).

B. La mainlevée de la mise en fourrière

Une fois la mise en fourrière pleinement réalisée, le véhicule peut être récupéré de plusieurs façons. La mainlevée de la mise en fourrière réside normalement dans le paiement des frais inhérents à l'enlèvement et à la garde du véhicule en infraction (1). Le formalisme et les garanties qui s'attachent à la prescription de mise en fourrière doivent éviter les décisions irrégulières. Ils ne sont pas exclusifs toutefois de voies de recours, en cas d'abus (2).

1. Le paiement de la fourrière

Le paiement de la fourrière est l'issue habituelle qui conduit à la main levée de la mesure sachant que ces frais viennent s'ajouter au paiement de l'amende encourue pour la violation des règles relatives au stationnement des véhicules. Plusieurs hypothèses doivent cependant être distinguées. Les frais relatifs à la fourrière correspondent en pratique au déroulement de plusieurs opérations (actes préalables à la mise en fourrière, enlèvement du véhicule, garde du véhicule et, éventuellement, expertise, vente ou destruction du véhicule).

En vertu des dispositions de l'article R. 325-29 2° du Code de la route, le propriétaire du véhicule peut uniquement s'acquitter des frais relatifs aux opérations préalables de mise en fourrière chaque fois que la mise en fourrière n'a pas reçu de commencement d'exécution, quand bien même le véhicule d'enlèvement s'est rendu sur les lieux (dans le cas où celui-ci n'est pas présent sur les lieux de l'infraction, aucun frais de fourrière ne doit pouvoir être exigé). Le commencement d'exécution de la mise en fourrière est considéré comme accompli soit "à partir du moment où deux roues au moins du véhicule ont quitté le sol, lorsque le transfert du véhicule vers la fourrière est réalisé au moyen d'un véhicule d'enlèvement", soit "à partir du commencement du déplacement du véhicule vers la fourrière, quel que soit le procédé utilisé à cet effet" (art. R. 325-12 C. route).

Les divers frais relatifs à la mise en fourrière sont fixés par un arrêté du 19 août 1996 (*JO* 14 septembre 1996). Celui-ci fixe les tarifs maximum applicables et précise que la perception des frais d'enlèvement dispense des frais des opérations préalables. Le coût des opérations préalables est de 22 € pour les poids lourds dont le poids total autorisé en charge (P.T.A.C.) est supérieur à 3,5 tonnes, de 15 € pour les voitures particulières et de 7,5 € pour les autres véhicules immatriculés. Les frais d'enlèvement sont fixés, en vertu de l'arrêté du 28 déc. 1998 relatif aux tarifs maxima d'enlèvement en fourrière des véhicules poids lourds (*JO* 30 déc. 1998), à 120 € pour les véhicules poids lourds dont le P.T.A.C. est supérieur à 3,5 t. et inférieur ou égal à 7,5 t. ; à 213,43 € pour les véhicules poids lourds dont le P.T.A.C. est supérieur à 7,5 t et inférieur ou égal à 19 t. ; à 274,41 € pour les véhicules poids lourds dont le P.T.A.C. est supérieur à 19 t. et inférieur ou égal à 44 t. Pour les autres catégories de véhicules, les frais d'enlèvements sont fixés comme suit : 90 € pour les voitures particulières et 45 € pour les autres véhicules immatriculés. Les frais de garde journalière sont exigibles à compter du jour d'enlèvement du véhicule jusqu'à sa date de restitution, d'aliénation ou de remise pour destruction. Il sont fixés à 9 € par jour pour les véhicules poids lourds (P.T.A.C.) supérieur à 3,5 t. ; à 4,5 € pour les voitures particulières et à 3 € pour les autres véhicules immatriculés. Les frais d'expertise reviennent à 90 € pour les véhicules poids lourds (P.T.A.C.) supérieur à 3,5 t. ; à 60 € pour les voitures particulières et à 30 € pour les autres véhicules immatriculés. Enfin, il convient de préciser que ces divers frais sont acquittés auprès du gardien de la fourrière, sur présentation d'une facture détaillée (art. R. 325-29 C. route).

Il est important de signaler que depuis la loi du 12 juin 2003 (*JO* 13 juin 2003), les frais de fourrière sont déterminés par les autorités de police locales (le maire généralement). Les tarifs nationaux n'ont désormais qu'une valeur indicative. L'article L. 325-9 du code de la route prévoit que « le montant des redevances pour frais de fourrière est fixé par arrêté et tient compte des difficultés de mise en œuvre des opérations d'enlèvement et de garde liées à l'importance des communes dans lesquelles ces opérations sont effectuées et à l'existence des problèmes de circulation et de stationnement de ces communes ». Au regard de ces dispositions, la légalité de l'arrêté instituant le montant de la redevance pour frais de fourrière passe nécessairement par une motivation suffisante du tarif choisi par l'autorité de police locale.

Le paiement des frais de mise en fourrière, d'enlèvement, de garde et, éventuellement, d'expertise, entraîne mainlevée de la fourrière. Cette ultime décision émane alors de l'autorité qui avait prescrit la mise en fourrière. Le certificat d'immatriculation, dans l'hypothèse où il avait été retiré, et une autorisation définitive de sortie de fourrière sont remis au propriétaire ou au conducteur du véhicule. Au regard de ce document, le gardien de la fourrière restitue le véhicule à son propriétaire (art. R. 325-38 et R. 325-41 C. route).

2. Les recours face à la mise en fourrière

Une décision de mise en fourrière peut être contestée devant le procureur de la République du lieu de l'infraction. Ce dernier, dans ce cas, dispose d'un délai de cinq jours ouvrables pour confirmer ou pour ordonner la mainlevée de la mise en fourrière. S'il décide de mettre fin à la mesure, l'autorité qui a prescrit la mise en fourrière est tenue de donner immédiatement mainlevée et de délivrer une autorisation définitive de sortie de fourrière (art. R. 325-27 et R. 325-38 C. route).

Indépendamment de la contestation de la mise en fourrière devant le procureur de la République, l'automobiliste peut, pour une mise en fourrière irrégulière, engager une action devant les juridictions judiciaires. Une action est possible lorsque l'irrégularité touche à la réalité ou à la constatation des infractions qui ont motivé la mise en fourrière (*V. par ex. ▪ Cass. civ 1re, 15 oct. 1996 : Dr. adm. 1997, n° 32 ▪ Cass. civ. 2e 11 juin 1997 : Jurispr. Auto 1997, p. 398).* L'opération de mise en fourrière qui n'a pas de fondement juridique réel peut même s'assimiler à une voie de fait qui rend la ville responsable civilement des dommages résultant de l'enlèvement du véhicule. C'est le cas, par exemple, lorsque la mise en fourrière est effectuée alors qu'aucun panneau n'indiquait la réglementation (▪ *TI Aix-en-Provence, 11 avr. 1989 : Jurispr. Auto 1989, p. 329 ; JCP 1990.II.21463, note P. Chambon).*

Lorsque le dommage subi par l'automobiliste est le fait des autorités administratives à qui le véhicule à été confié, les recours s'exercent alors logiquement devant les juridictions administratives. Un recours en responsabilité est ainsi ouvert en présence de conditions de gardiennage défaillantes. Ainsi le fait de laisser une Ferrari pendant onze mois sur un terrain herbeux et sans protection contre les intempéries excède les conditions de gardiennage normale et entraîne une faute engageant la responsabilité de l'administration (▪ *Cons. d'Et. 5 avr. 1991, Sté européenne de location et des service : D. 1992, somm. p. 146, obs. P. Bon et P. Terneyre ; JCP*

1992.II.21810, note B. Pacteau). Les juridictions administratives sont également compétentes pour connaître d'une action en responsabilité engagée pour obtenir l'indemnisation du préjudice causé par la destruction d'un véhicule consécutivement à sa mise en fourrière (▪ *Cons. d'Et. 13 janv. 1992 : D. 1993, somm. 149, obs. P. Bon et P. Terneyre) ou en cas de remise précipitée du véhicule au service des domaines (Cons. d'Et. 9 juin 1978, Epx Jaros : Rec. p. 238).*

Conclusion

Les règles concernant l'arrêt et le stationnement des véhicules couvrent un champ d'obligations particulièrement vaste. Les multiples interdictions ou restrictions qui sont censées s'imposer à tous les automobilistes ne sont pas toujours bien connues. Il est vrai que les principes tirés du Code de la route et les aménagements confiés au pouvoir de police des maires ou des préfets ne facilitent pas la maîtrise de la réglementation. Aussi, la signalisation, comme pour l'ensemble du droit de la circulation routière, revêt une importance capitale.

Au-delà de la multitude de situations couvertes par la réglementation de l'arrêt et du stationnement des véhicules, c'est bien le terrain procédural qui démarque ce domaine. La procédure d'amende forfaitaire spécialement adaptée au contentieux de masse que représentent les contraventions au stationnement est très souvent détournée au détriment du respect des droits de l'automobiliste. Sans qu'il faille nécessairement y voir un lien de causalité, c'est aussi ce type d'infraction qui bénéficie le plus largement des faveurs des diverses lois d'amnistie. La dernière en date efface la totalité des infractions passibles d'une peine d'amende de la 1ère ou de la 2ème classe de contravention, à l'exception des contraventions d'arrêt et de stationnement suivantes : sur les trottoirs, les passages ou accotements réservés à la circulation des piétons ; sur les emplacements réservés à l'arrêt ou au stationnement des véhicules de transport public de voyageurs, des taxis ou des véhicules affectés à un service public ; entre le bord de la chaussée et une ligne continue lorsque la largeur de la voie restant libre entre cette ligne et le véhicule ne permet pas à un autre véhicule de circuler sans franchir ou chevaucher la ligne ; à proximité des signaux lumineux de circulation ou des panneaux de signalisation, à des emplacements tels que ceux-ci peuvent être masqués à la vue des usagers ; sur les ponts, dans les passages souterrains, tunnels et sous les passages supérieurs ; au droit des bouches d'incendie et des accès à des installations souterraines ; sur des emplacements réservés aux véhicules arborant un macaron Grand Invalide de Guerre (GIG) ou Grand Invalide civil ou une carte de stationnement de modèle communautaire pour personne handicapée ; sur les bandes d'arrêt d'urgence, sauf cas de nécessité absolue ; en double file, sauf en ce qui concerne les cycles à deux roues, les cyclomoteurs à deux roues et les motocyclettes sans side-car (art. R. 37-1 3°, 4°, 6°, 7° et al. 12 ancien C. route ; art. R. 43-6 al. 3 ancien C. route ; art. R. 233-1 al. 4 et 6° ancien C. route et art. R. 417-10 II 1° à 4° et 6° à 9° C. route ; art. R. 417-10 III 2° C. route).

En dépit de l'exclusion de nombreux cas d'arrêt ou de stationnement gênant, c'est bien la majeure partie des infractions aux stationnement des véhicules qui s'évanouit d'un coup de baguette législative. Cet état de grâce, pour l'automobiliste, ne dure qu'un temps, vite rattrapé par les millions de PV dressés chaque année en France pour infractions aux règles du stationnement…

Index

O

P

R

S

T

Z

Pour aller plus loin

AUBY (J.M.), Les sanctions en matière de circulation routière, *Petites affiches* 17 janv. 1990, p. 80.

BON (P), *La police du stationnement et de la circulation*, Ed. Sirey, 1981.

BON (P), Police des véhicules sur les voies publiques, *Répertoire de droit des collectivités locales*, 1999-2.

CÉRÉ (J.P.), Stationnement et arrêt de véhicule, *Encyclopédie Dalloz, Répertoire de droit pénal et de procédure pénale,* 2002.

CÉRÉ (J.P.), Le virage répressif de la loi n° 2003-495 du 12 juin 2003 sur la violence routière, *D.* 2004, à paraître.

COUVRAT (P.) et MASSÉ (M.), *Circulation routière, Infraction et sanctions*, Sirey 1989, 395 p.

DEFRANCE (G.), Le stationnement payant, *Jurispr. Auto* 1999, p.108.

DEFRANCE (G.), La procédure de l'amende forfaitaire, *Jurispr. Auto* 2000, p. 7.

DEFRANCE (G.), L'application du Code de la route sur les parcs de stationnement, *Jurispr. Auto* 2001, p. 56.

DEFRANCE (G.), Les contentieux de l'amende forfaitaire, *Jurispr. Auto* 2002, p. 584.

DEFRANCE (G.), L'extension des pouvoirs de la police municipale, *Jurispr. Auto* 2003, p. 104.

MODERNE (F.), Observations sur une institution atypique : la mise en fourrière des véhicules, *Petites affiches* 18 juin 1997, n° 73, p. 6.

MODERNE (F.), Les concessions de stationnement payant. Où en est-on ?, *Gaz. Pal.* 12-13 mai 1999. p. 2

LAVIALLE (C.), La circulation et le stationnement des gens du voyage, *JCP* 1992.I.3566.

LE PAGE-SEZNEC (B.), Fondements des amendes forfaitaires pour infraction au code de la route, *Rev. sc. crim.* 1996, p. 839.

PERROT (R.) et THERY (P.), La subsidiarité de la saisie vente, *D.* 1996, p. 169.

PASCAL (L.), Le stationnement des résidents : divergences jurisprudentielles, *Dr. adm.* 1998, p. 6.

SANSON (F.), Le système de l'amende forfaitaire : une sanction pénale sans juge, *Gaz. Pal* 23-24 août 1995, p. 9.

SOMMER (J.M.), Accueil et habitat des gens du voyage : le stationnement irrégulier, *AJDI*, 2001, p.133.

TACHON (R.), Les abonnements en matière de stationnement payant, *Dr. adm.*, janv. 1999, p. 4.

VIROFLET (M), La mise en fourrière des véhicules automobiles, *Petites affiches* 16 févr. 1981, n° 20, p. 11.

Modèle de Lettre 1

Demande d'exonération de l'amende

> Monsieur,
>
> [expliquer les faits]
>
> En espérant que vous voudrez bien prendre en compte cette situation particulière pour ne pas donner suite à cette contravention,
>
> Je vous prie d'agréer, Monsieur, l'expression de mes salutations distinguées.

➢ *Indications pratiques*

Courrier à adresser au service verbalisateur indiqué sur la carte lettre. Il est également possible d'envoyer le même courrier au maire de la ville du lieu de l'infraction si le véhicule a fait l'objet d'une mise en fourrière. Ce dernier rembourse parfois les frais engagés.

Modèle de Lettre 2

Contestation de l'amende

Monsieur,

Le... [*date*], j'ai été verbalisé, selon le procès-verbal... [*n°*], pour... [*indiquer les faits reprochés sur le PV*].

Veuillez prendre note de mon opposition à la contravention ci-jointe car... [*indiquer le motif de la contestation, par exemple absence de signalisation réglementaire ou de marquage au sol, erreur sur le type de véhicule ou sur le numéro d'immatriculation etc*].

Je vous serai donc gré de ne pas donner de suite à cette contravention.

Je vous prie de bien vouloir agréer, Monsieur, l'expression de mes salutations distinguées.

➢ *Indications pratiques et rappel de la procédure*

La contestation du PV doit se faire dans les 30 jours à compter de sa constatation ou, s'il est envoyé ultérieurement, dans les 30 jours de sa signification (art. 529-1 C. pr. pén.). L'original de la carte lettre doit impérativement être accompagné du procès-verbal d'infraction sous peine d'irrecevabilité de la requête en vertu de l'article 529-5 C. pr. pén. (conserver en conséquence une copie). A adresser au service mentionné sur la carte-lettre.

Bien que cela ne soit pas exigé par le code de procédure pénale, il est vivement conseillé d'envoyer la contestation par lettre recommandée avec accusé de réception afin de s'assurer de la preuve de l'envoi.

Modèle de Lettre 3

Contestation de l'amende forfaitaire majorée

Monsieur,

Le... [*date*], j'ai été verbalisé, selon le procès-verbal... [*n°*], pour... [*indiquer les faits reprochés sur le PV*].

Je suis très surpris de recevoir le commandement de payer n°... alors que j'ai contesté, dans les formes et dans les délais légaux, la contravention par courrier motivé du... [*préciser la date*].

Je vous prie donc de bien vouloir noter que cette majoration viole les dispositions des articles 529 et suivants du Code de procédure pénale. En conséquence, je vous demande de procéder à l'annulation de l'amende forfaitaire majorée et de tenir compte de ma réclamation initiale pour classer sans suite la dite contravention.

Je vous prie de bien vouloir agréer, Monsieur, l'expression de mes salutations distinguées.

➤ Indications pratiques et rappel de la procédure

A la suite d'une réclamation motivée et accompagnée de l'avis de contravention, l'officier du Ministère public peut soit classer la contravention sans suite soit renvoyer devant la juridiction de proximité mais il n'a en aucun cas le pouvoir de rejeter la réclamation. L'officier du ministère public n'est pas juge de la recevabilité d'une requête (art. 530-1 C. pr. pén.).

A noter que la contestation de l'amende forfaitaire peut-être contestée dans les 30 jours, à compter de l'envoi de l'avis (art. 530 C. pr. pén.). La contestation a pour conséquence d'annuler le titre exécutoire relatif à l'amende forfaitaire majorée. Là encore l'original de l'avis doit être envoyé sous peine d'irrecevabilité de la requête en vertu de l'article 529-5 C. pr. pén. (conserver en conséquence une copie).

Modèle de Lettre 4

Réclamation à la suite de la mise en recouvrement par le Trésor public

Monsieur,

Le... [*date*], j'ai été verbalisé, selon le procès-verbal... [*n°*], pour... [*indiquer les faits reprochés sur le PV*].

J'ai contesté cette contravention par courrier motivé du... [*précisez la date*] et, à la suite de la réception d'un avis d'amende forfaitaire majorée, par courrier du ... [*préciser la date*].

En violation des dispositions de l'article 530-1 du code de procédure pénale, j'ai reçu un avis de mise en recouvrement délivré par le Trésor public... [*préciser les références*]. Je vous rappelle qu'en vertu de cet article, l'officier du Ministère public peut soit classer la contravention sans suite soit renvoyer devant la juridiction de proximité mais il n'a pas le pouvoir de rejeter la réclamation.

Cette mise en recouvrement ne repose donc sur aucun fondement légal et je vous demande en conséquence de bien vouloir l'annuler.

Je vous prie de bien vouloir agréer, Monsieur, l'expression de mes salutations distinguées.

➢ Indications pratiques et rappel de la procédure

Modèle de lettre à utiliser si, à la suite des réclamations, l'officier du Ministère public n'a pas classé sans suite la contravention. A adresser au service du Trésor public concerné.

L'officier du ministère public n'est pas juge de la recevabilité d'une requête. Le Trésor public ne peut donc légalement actionner une mise en recouvrement de l'amende si celle-ci a fait l'objet d'une contestation dans les formes et les délais légaux (art. 530-1 C. pr. pén).

Modèle de Lettre 5

Réclamation à la suite d'une contravention pour non affichage du ticket horodateur

Monsieur,

Veuillez prendre note de mon opposition à la contravention ci-jointe. Les faits qui me sont reprochés : « non affichage du ticket horodateur » ne sont pas constitutifs d'une infraction pénale.

Je me permets de vous signaler que l'avis de contravention ne fait référence à aucun texte de loi pour justifier ces poursuites. L'absence de base légale entache donc ce procès verbal de nullité.

Je vous prie d'agréer, Monsieur, l'expression de mes salutations distinguées.

➢ *Indications pratiques et rappel de la procédure*

L'infraction de "non affichage du ticket horodateur" n'existant pas dans le Code de la route, l'obligation expresse d'afficher le ticket horodateur doit être impérativement prévue par arrêté municipal. Les références de ce dernier constituent l'élément légal de la contravention et doivent, à ce titre, obligatoirement figurer sur le procès-verbal.

Principales définitions

"Agglomération" : espace sur lequel sont groupés des immeubles bâtis rapprochés et dont l'entrée et la sortie sont signalées par des panneaux placés à cet effet le long de la route qui le traverse ou le borde.

"Arrêt" : immobilisation momentanée d'un véhicule sur une route durant le temps nécessaire pour permettre la montée ou la descente de personnes, le chargement ou le déchargement du véhicule, le conducteur restant aux commandes de celui-ci ou à proximité pour pouvoir, le cas échéant, le déplacer.

"Chaussée" : partie(s) de la route normalement utilisée(s) pour la circulation des véhicules.

"Stationnement" : immobilisation d'un véhicule sur la route hors les circonstances caractérisant l'arrêt.

"Voie de circulation" : subdivision de la chaussée ayant une largeur suffisante pour permettre la circulation d'une file de véhicules.

(Extraits de l'article R. 110-2 du code de la route)

Tableau des contraventions

Classe	Amende forfaitaire minorée	Amende forfaitaire	Amende forfaitaire majorée
1re classe 38 €	-	11 €*	33 €**
2e classe 150 €	22 €	35 €	75 €
3e classe 450 €	45 €	68 €	180 €
4e classe 750 €	90 €	135 €	375 €
5e classe 1500 €	3000 € (en cas de récidive prévue par les textes)		

* 4,5 € en cas d'infraction relative à la circulation des piétons

** 7,5 € en cas d'infraction relative à la circulation des piétons

Procédure d'amende forfaitaire

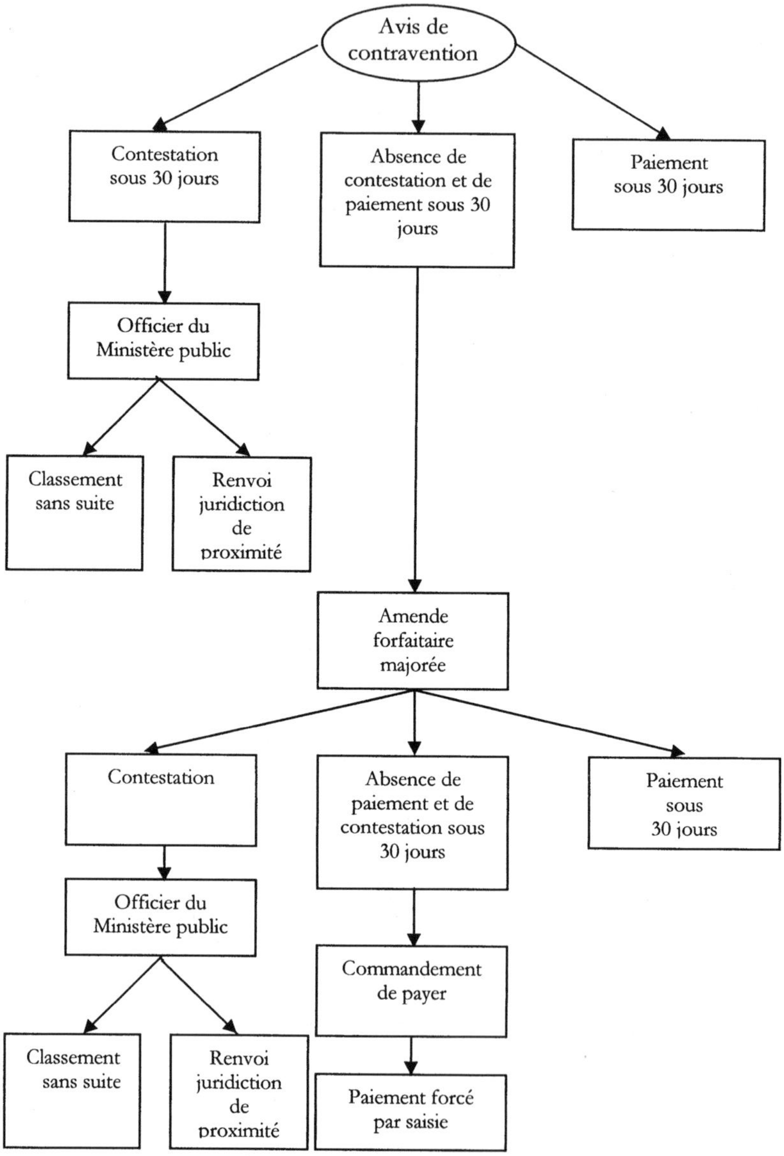

Table des matières

586352 - Novembre 2014
Achevé d'imprimer par

1livre.com
du rêve à la réalité !

Made in United States
Troutdale, OR
11/03/2026

56847390R00058